修験深秘行法符咒集

日本大蔵経編纂会編

修驗深祕行法符咒集目次

總計四百四十法

修驗深祕行法符咒集卷第一

一名修驗傳授切紙類藏鈔年號等

一入堂時印言

先結誦普禮印言

次結外五鈷印誦（梵字）明

口傳云。五鈷五智故禮五部五智諸佛義也。

出堂時印言事　作金剛合掌

（梵字）

不動二童子印明

金迦羅童子印　金剛合掌二中二大入掌

唵矜迦羅野縛日羅憾

制多迦童子　內縛二地二風散小曲

縛日羅報吽制多迦娑婆賀

倶力迦羅龍王　二手忿怒拳擧二肩上。

（梵字）

祕中深祕深祕穴賢穴賢

二朝暮例時次第

東寺法則云云　三通之內

禮懺。卷一　尊勝陀羅尼。遍三　藥師大咒。遍三

讚。四智。心略。不動。　回向。　三條錫杖。切音

彌陀小咒。遍七　十一面。遍七　勢至。遍七　文殊。遍七

愛染咒。遍七　荒神咒。遍七　訶利帝母咒。

水天咒。遍七　寶篋印陀羅尼。　光明眞言。遍七

舍利禮。遍七　理趣經。卷一　心經。遍七　鎮守法樂。

三例時諸眞言

三通之內

彌陀　（梵字）アミリタテイセイカラウン

愛染　（梵字）マカラギヤバゾロシユニシヤバザラサトバジヤクウンバンコク

釋迦　（梵字）ナンバク

藥師　（梵字）コロセンダリマトウギ

千手　（梵字）バザラタラマキリク

十一面　ロケイジンバラ キリク
如意輪　ハンドメイシンダ マニ ジンバラ ウン
彌勒　バイ レイヤ
延命　バザラ ユ セイ
虚空藏　バザラ アラダンナウチン
地藏　カカカ ビ サンマエイ
大威德　シユチリキヤラ ロハ ウン ケン
毘沙門　ベイシラマンダヤ
辯財天　ソラソバテイエイ
訶利帝母　ドドマリ キャキテイ
水天　バロダヤ
聖天　キリクギャク ウン
荒神　ケンバヤ
一字金輪　ナウマク サンマンダ ボダ ナン ボロン

後夜

九條錫杖。切音　理趣經。

寶篋印陀羅尼。　彌陀大咒。三遍
讚。三。　回向。
釋迦眞言。七遍　藥師咒。七遍　虚空藏咒。七遍
地藏咒。七遍　彌勒眞言。七遍　慈救咒。七遍
毘沙門咒。七遍　大師寶號。七遍　觀音經。一卷
心經。三卷　先師理趣經。一卷　靈分任意。

四　初夜後夜例時法則 三通之内

禮懺。一卷
諸佛讚嘆　面輪端正　三十七尊　還我頂禮
尊勝陀羅尼。三遍　貴賤靈等　同證菩提
讚。　四智。　心略。　不動。
回向。
回向廣大　九界普利　現當二世　所願成就
三條錫杖。切音　上求菩提　下化衆生
彌陀小咒。二十遍　自他平等　往生極樂
アミリタ テイセイカラ ウン

舍利禮。七遍　得見心法　萬德圓滿
愛染眞言。二十一遍　衆人愛敬　師檀相應
理趣經。一卷　法界聖靈　倍增法樂。餘可任意。
光明眞言。二十一遍　代代祖師　七世父母
心經。七遍或三遍　當所鎭守法樂。

後夜

九條錫杖。切音　上求菩提　下化衆生
理趣經。一卷　勸請句。　本尊界會增法樂
寶篋印陀羅尼。三遍　五智圓滿　無上菩提
彌陀大咒。三遍　自他同證　往生極樂
釋迦眞言。二十一遍或七遍。　說教談儀　利益廣大
藥師眞言。　衆病悉除　自身安樂
千手眞言。　二十五有得　二十五三昧
十一面眞言。　本有十界隨緣　一面同歸一理
如意輪眞言。　心中所願　如意滿足
彌勒眞言。　三界下生　再會決定

延命眞言。　壽命長遠　身心安全
虛空藏眞言。　福慧具足　心藏虛空
地藏眞言。　入諸地獄　代受衆生
慈救咒。　四魔三障　現當所願
皆悉消滅　一切滿足
大威德。　惡夢轉變　身心安樂
毗沙門眞言。　佛法擁護　眞俗自在
辯財天眞言。　福慧辯財　福壽無量
訶利帝母眞言。　賊難不起　產生成就
水天眞言。　家內安全　防除火燒
聖天眞言。　諸難消除　富貴自在
荒神咒。　無礙天障　如意滿足
兩部界會眞言。
大師。　尊師。　覺鑁寶號。　一字金輪。

五　後夜作法　辰刻勤之

先三禮。日天。禮文如前。

次洒水印。　三股印。大小相捻。〔梵字〕

次日天灌頂印。

智拳印　歸命〔梵字〕三遍　　外五股印　歸命〔梵字〕三遍

大慧刀印　歸命〔梵字〕三遍

次正念誦。日天子眞言百八遍。　　次金剛合掌。唱曰。

我本祕密大日尊　　大日日輪觀世音

觀音應化日天子　　大日權迹名日神

四海能救慈悲心　　所以示現大明神

次祈念任意

後夜念誦作法

向彼方（記指從當山當丑刁至山）禮拜詞曰

歸命頂禮在大海龍王藏幷肝胸（記一作頸）。如意寶珠

權現大士等（如是唱。可三度禮拜。）

先護身法。

寶次生尊印明。外縛二中寶形。

〔梵字〕唵〔梵字〕阿羅〔梵字〕怛曩〔梵字〕三〔梵字〕婆〔梵字〕縛〔梵字〕。七遍

次二頭指指入二中下。眞言曰。唵縛薩羅羅怛曩三遍。

次立二二空。眞言曰。唵摩尼縛薩羅〔梵字〕。三遍。

次解印八遍念誦千遍誦。　次搯念珠祈願。文曰。

權現大士倍增威光　　弘法大師倍增法樂

一天四海安穩泰平　　風雨順時五穀成就

萬民豐樂行者心中　　諸願圓滿皆令滿足

年號　月　日　　授與某甲

傳燈阿遮梨某甲

七　早念誦大事　寶樓閣經說

次念珠入掌。〔梵字〕字七遍　明曰。

〔梵字〕

其後念珠一返引廻當萬億數遍。云云

八　大師每月御所作事

先護身法。如常。　次理趣經偈。三遍

次金大日眞言。　〔梵字〕百遍。

胎大日眞言。 百遍。
次光明眞言。百遍。 次般若菩薩眞言。百遍。
季 月 日 名

九 高祖大師深祕

首戴五佛寶冠住法界定印。是彌勒三昧地歟。高野奧院自大塔當東北角。是中臺八葉。丑寅角彌勒所居可思之。大塔中尊定印上安置塔婆。是則寶珠也。又彌勒持塔婆謂爲心佛塔。云云 可思之。住塔婆持塔婆。相互表爲能住所住。顯能所生歟。高祖全體習寶珠三昧發得顯內證給故。此身生身佛體馱都眞身也。已上 深祕深祕

光明山實範大師付不動習之。念珠索五貼鈒習也。慈尊院故所名也。付彌勒行法次第大師御作也。此淺略也。

亦深祕種子字三昧耶形念珠也。上五貼亦深祕字三昧形寶珠也。

發願云。 高祖大師 遍照金剛 都率內院諸眷屬等

口傳云。字菩提心體也。菩提心寶珠也。淨菩提心如意寶滿世出勝希願。

古德云。卽大師習寶珠依此文心也。

十二經大事 大師入唐時傳授

大願御流 大日經

先合兩手腕開立十指。

次二地合　我覺本不生
次二水合　出過語言道
次二火合　諸過得解脫
次二風合　遠離於因緣
次二空合　智空等虛空
次虛心合

金剛頂經

先二習如前。

次二地合　諸法本不生
次二水合　自性離言說
次二火合　清淨無垢染
次屈二風二空相捻因業等虛空。是則塔印手成畢。
誦[梵字]。
口云。蘇悉地無之。自聖位房院主傳受之。云云
但金胎房方妙成就有之。妙外水一文。謂結外五胋印誦[梵字]一字明。
口云。妙者妙成就。外者外縛。外五胋也。水者水大種子。一者[梵字]一明也。
大日經　法界定印。　我覺本不生等偈。
口云。智空等虛空。二空相柱云也。
金剛頂經。　結智拳印。　諸法本不生等頌。
口云。智空等虛空者左風指與右空指相柱云也。

十一 三種法大事

初滅婬事罪
覆左掌以右手作拳中頭指差左掌中。
明曰。歸命[梵字]遍。
次滅無慚信施罪
虛心合掌。二頭指二大指其端相合彈指。
明曰。歸命[梵字]遍。
右其罪報無不銷。努努不可傳受之。最祕中深祕也。
穴賢穴賢千金莫傳。云云

十二 奥疏印信　後問答印信

等與虛空無所不至　[梵字]

十三 大日經疏印信開心佛事

開心佛國結塔印。　[梵字]
成心正覺。　結同印開二大指。　[梵字]
證心大涅槃結同印二大入掌中。　[梵字]
本願[梵字]上融源性　小池空深玄　萬德寺　性瑜　慧瑜

敎任　性盛　堅瑜

十四 卽身義大事

六大無礙常瑜伽　四種曼荼各不離矣等云云

普供養印。　二手金剛合掌。二風作寶形。二大竝立。

明曰。〔梵字〕〔梵字〕〔梵字〕〔梵字〕〔梵字〕〔梵字〕

口云。交立地水火三指表六大無礙立柱二風二空一處示四曼不離矣。

卽身義

不捨於此身　逮得神境通　遊歩大空位

而成身祕密

印明。　〔梵字〕

口決云。遊歩者風火功能〔梵字〕字也。大空位者空點也。不出口外。以心傳心也。甚祕。云云

十五 本願御名字事

覺者慧也。鑁者果也。是故習傳惠果再來也。又奉名覺鑁兩部一體義也。置〔梵字〕〔梵字〕〔梵字〕心不動之種子〔梵字〕字空點令被〔梵字〕。昔自傳法院前堂下向右方有栃木。聖靈〔梵字〕〔梵字〕仰云。此木云都智。法界體性智也。卽都智云事也。總四智法界體性智也。云云

相承次第　快善法印快成憲海政實

十六 菩提心論大事

智拳印。　明〔梵字〕

誦若人求佛。　舒右五指拳左伸風向慧。右佛界左生界也。思之。

誦通達菩提心。　以左風押右地腹。地是〔梵字〕字菩提心。以風押地通達菩提心義也。

誦父母所生身。　以左風押右水腹。水卽赤白二渧露點故云父母所生身也。

誦速證大覺位。　以左風指押右火腹。火有除闇遍明義。故卽大日遍明位也。

先以慧地水火拳定風。次慧風空相合加定風頭成成就。圓圓海劣故矣。

智拳印。本自成就內證遊步大空位等盡深義。而已

次〔梵字〕者圓形也。釋迦如來詫摩耶母胎時如露點圓形也。謂生死根源煩惱根本也。又云。悉多最初生最初期舍利。如次自證化他共是圓形也。又云。衆生界入五智圓明三摩地堅固〔梵字〕以下寶珠明也。塔婆又寶珠也。仍印明共具體也。仍自然成佛自身也。此外更無有本尊。雖爲灌頂弟子輙不可授之。稍究祕密重重座主人一人最後可傳也。云云

文應元年十一月未尅於高野山文堂從二位僧都御房奉傳畢。此記申請御日記書寫之

建長七年八月二十一日禪定僧都阿闍梨御房

天正十六年五月二十一日　授與堅瑜

十七 釋論印信塔印

御釋曰 圓圓性海 金　如如如說

雙圓性海 胎　重重月殿 皆是掌內也。

第十卷

諸佛甚深廣大義者。○言諸佛者卽是不二摩訶衍法。所以者何。此不二法形於彼佛甚德勝故。大本華嚴契經中作如是說。圓圓海德諸佛勝。其一切不能成就。圓圓海劣故矣。

十八 瑜祇經大事

外五古印。　塔印。

掌內八月殿

圓海也。

外五古掌中圓也。塔印二風空間圓也。實惠眞雅兩流各別。仍五古塔印別也。瑜祇大事。五古論大事五古塔同之。二卷眞如門說段如如如說。大本維摩語契經如是說。○離言說非不二不二。云云

十九 瑜伽瑜祇經灌頂密印

無相法身位一印一字非內非外縛印。八尸作鉤形

相向相交各指首左。柱右指。左指根柱右八尸不入
內不出外。印虛圓形二大指交入內明曰。[a]
傳云。心法爲門入此位時[a]明。若色法爲門入此
位時[a]明。云云

年　月　日

二十　理趣經灌頂大事

塔印明曰。[a vi ra hūṃ khaṃ]
次經題額唱之。　大樂金剛不空眞實三摩耶經

季　月　日　　授與快照

高野山龍光院阿闍梨宣宥

理趣經灌頂祕事

護身法。
無所不至印。　明曰。[a vi ra hūṃ khaṃ]
一貼印。或五貼印。　明曰。[a]
次智拳印。　明曰。[vaṃ hūṃ trāḥ hrīḥ aḥ]

二十一　每朝灌頂法

無所不至印。　觀想。自心息風上有心月輪。心月輪上有五大。五大變成五輪。五輪變成大日如來。大日如來心上有[a vi ra hūṃ khaṃ a vaṃ raṃ haṃ khaṃ]字。其日一切善念皆悉收[a vi ra hūṃ khaṃ]明。其日一切惡心收[a vaṃ raṃ haṃ khaṃ]明。　以上後夜念誦了。

二十二　祕密灌頂印言　中院明算極祕也

一結淨三業印。誦[a]祕也。一箇傳之相承也。慈覺惠果大師結此印誦此明入滅。云云
二結淨三業印。二大指入掌。即竝入。明[a]。此印高祖大師御入定時印也。御出生結此印。御入定時二大指竝入頤下。御出生共言[a]字也。此極祕中最祕。

年　月　日

二十三　大般若經大事

先普禮。　次梵篋印。　[a ra pa ca na]

次經臺。　兩手共屈ニ頭小二指ヲ以テ大指ヲ押ヘ頭小二ノ指甲ヲ兩手共同シク直ク立中指無明指ヲ然後合ス兩手ノ背ヲ是名ク經臺印ト。

〔梵字〕（チ ジリ シユ ロ タ ヒ シヤ エイ）

廿四　般若大事

文明十四年壬刁二月吉日寛濟法印ニ傳授拂子宗秀

〔梵字〕　無所不至

〔梵字〕　捻中指　上三印　三身印也

〔梵字〕　捻無明指

〔梵字〕　外五貼印

南莫三曼多伐ヘ折シヤラ羅コン穀セン戰ダ拏摩賀露灑拏薩波咜也吽怛羅他𤚥

唵ハンタクタアタウンシツチアキテイウンウンソワカ

廿五　略大般若經

大般若波羅蜜多經卷第一一部六百卷。三藏法師玄弉奉レ詔譯。

全文義理趣曰。

〔梵字〕地水火風空。第一義空。是內波羅蜜多。〔梵字〕眞諦菩薩摩訶薩。〔梵字〕七等覺度八聖道支。如レ是等菩薩摩訶薩皆得ニ修行。是名ク持戒。

上求下化　未來普賢　神通識都　心王竝ヒ居

揭諦揭諦。波羅揭諦。波羅僧揭諦。菩提娑婆訶。

爲ニ興隆佛法ノ令ニ書寫之ヲ也。

廿六　仁王經大事

先ツ右手刀印ノ　〔梵字〕遍三。

左手刀印ニノ不動半印　〔梵字〕遍三。　右印拂ニ除一切惡事ノ意。

刀印二手劍ニノ　慈救咒遍三。

七福卽生印明。內五貼印明云。[梵字][梵字][梵字][梵字][梵字]七遍。
二頭指招入。一切思願招入內意。
七難則滅印。外五貼印明云。[梵字][梵字][梵字][梵字][梵字]七遍。
二頭指拂。拂一切惡事意。
轉禍爲福印。外縛二大竝入中。明云。慈救咒。三遍。
末加[梵字][梵字]
福生印。二手刀印合。不動釼印。明云。
[梵字][梵字][梵字][梵字][梵字][梵字]

仁王經大事 最極上之大事

本尊加持四箇祕印。七難卽滅。外五貼印。
[梵字][梵字][梵字][梵字][梵字]七遍
二無諸衰患印。外五貼印。忿怒二中劍形。口傳。イ二中寶形。釼行忿怒。
[梵字][梵字][梵字][梵字][梵字] 末加慈救咒。七遍
三轉禍爲福印 外縛二大竝入掌中。歸命[梵字][梵字]
[梵字]七遍。

四七福卽生印。塔印。二風寶形。[梵字][梵字][梵字][梵字][梵字]七遍。
一云。三轉總印明也。
五梵篋印。ケシリシユロタヒシヤエイソワカ
年號 月 日
一本墨。
口云。祕密三重之明也。[梵字]胎藏。[梵字]金剛界。加菩提點兩部不二之明也。[梵字]愛染王體也。[梵字]以下寶珠明也。塔婆又寶珠也。仍印明共具體也。仍自然成佛自身也。此外更無有本尊也。雖爲灌頂弟子輙不可授之。稍究祕密重重座主人最後可傳之也。
云云

廿七 般若心經大事

玄弉三藏。授大聖文殊
梵篋印。初摩訶迫咒日時。結外五古印。
[梵字][梵字][梵字][梵字][梵字][梵字][梵字][梵字][梵字][梵字][梵字][梵字]
身蚰帝王立處失身畢。其時八度大般若渡畢。

廿八 心經十萬遍大事

先塔印。　揭諦揭諦（梵字）三遍。
次外五貼印。　揭諦揭諦（梵字）三遍。
次外縛二中指釵形。　揭諦揭諦（梵字）三遍。
右祕中祕大事如守眼肝云云　是文殊印言。

廿九 祕鍵大事

無所不至印明　眞言不思議（梵字）
外五貼印　明　觀誦無明除（梵字）
虛心合掌　明　一字含千理（梵字）
智拳印　明　即身證法如（梵字）

三十 法華經大事

先蓮華合掌。　明（梵字）。
口云。十指即十如實相也。又云。合掌誦題號五字觀左右地水火風八葉。又習法華八卷。二火配釋迦多寶二佛。又指節廿八法華廿八品也。云云祕中祕。

卅一 觀音經大事

合掌妙法蓮華經
次外五貼　慈眼視衆生
次內五貼　福壽海無量
次塔印　唵震多摩抳珠娑婆訶　畢

卅二 觀音經一萬卷祕事 大師修之。云云

金剛合掌。　南無妙法蓮華經。三遍。
智拳印。　慈眼視衆生。三遍。
無所不至印。　福聚海無量。三遍。
（梵字）

卅三 普門品二句偈文大事

先護身法。　次金剛合掌。深交。
慈眼視衆生　福聚海無量

次合掌。頭上左右耳邊大咒歟。小咒歟。誦三遍。イ次本尊觀音咒。

又合掌。歌曰。

我思心內福壽海　無量濃海波風無シ

皆人能命於延藥ニハ　開華菊下水

菊水二字左掌內書テ投ル

又合掌。

具一切功德　慈眼視衆生　念彼觀音力

所願成就　皆令滿足云云

卅四　通諸經祕事

先經臺印。二羽各以大指押頭指小指甲。兩手中無名合背誦無盡藏眞言。咒曰。

ナウボウバギャバテイハラジャハラミタエイチンキリクナシリシユロダビジャエイ

次梵篋印。眞言同上。

口云。左轉成小乘經。右轉成大乘經觀之。

次塔印。眞言同上。此印觀經。

次不動根本印。火界咒。見我身者發菩提心

次劍印。　慈救咒。聞我名者斷惡修善

次智拳印。　慈救咒。聽我說者得大智慧

次塔印。　慈救咒。知我意者卽得成佛

以上諸經通用之祕事也。

卅五　印佛讀經作法

口云。以印佛熏香烟印虛空。若舒右手五指口傳印之。當香煙可如打勢。次偈曰。三遍。

我今香煙印如來　相好具足放光明
遍滿虛空世界海　猶如燒焔無障礙
依此印佛功德力　利益無邊衆生界
共生極樂證妙果　恒以衆生解脫緣矣

次佛眼印。　次大日印。外五貼滿足明。　次虛空藏咒。

次准胝咒。　次唵麼利支曳ソワカ
次唵蘇底利シュダソワカ

修驗深祕行法符咒集卷第二

卅六　正觀音灌頂大事

印外縛二頭如寶形。　[illegible]
已下三部明六觀音
外五股印　[illegible]
外縛印　[illegible]
智拳印　[illegible]

卅七　十一面名字

右　大日　佛眼　釋迦
肩　藥師　彌勒　彌陀　虛空藏　普賢
左　不動　愛染　降三世

卅八　阿彌陀四十八願成就印　平等房傳

二手外縛二地空各立之。是表四十八願也。亦左右手指跨即相當八願也。結此印誦胎藏五字眞言阿[illegible]。

此印眞言平等房法印永嚴於大塔奉供養阿彌陀尊像時。傳法院本願上人爲其唱導說法。殊催壇主之感驚聽衆耳。故日來爲謗家法乘坊等族皆以隨喜感嘆。云云依之永嚴法印感心餘號布施被此祕密印言仍號是布施印。云云其相承次第云。

永嚴 仁和寺號野法印。　覺鍐 正覺坊上人
澄印 大乘坊院主　玄澄 用觀坊院主　房海 觀相坊阿闍梨　成俊 種智房
辨俊 尊寂房
已上六代相承敢無違畢
抑上人始受之令流涕令滿阿彌陀四十八願給事所詮五字眞言也。云云

卅九　念佛六印大事

一遍當六萬遍云云

一智拳印　南無阿彌陀佛
二無所不至印　南無阿彌陀佛
三外五股印　南無阿彌陀佛
四法界定印　南無阿彌陀佛
五彌陀定印　南無阿彌陀佛
六內縛之印　南無阿彌陀佛

四十九品淨刹事

[梵字]　上品上生彌陀　[梵字]　上品中生觀音
[梵字]　上品下生勢至　[梵字]　中品上生釋迦
[梵字]　中品中生普賢　[梵字]　中品下生文殊
[梵字]　下品上生彌勒　[梵字]　下品中生地藏
[梵字]　下品下生虛空藏

四十一文殊灌頂事

外五股　二中指劍形

[梵字]　[梵字]
[梵字]　[梵字]
[梵字]　是則祕密灌頂深
祕也。

四十二文殊童形事

七箇月勤行思垂迹辯財天所願成就犯餘婬臥中。
結誦身三口四意三印明祈願如心中。
身三印言。三遍。　相捻左右風空指開餘六指如滿月
明曰。印月輪　[梵字]
口四印言。四遍。　外五股印明云。
[梵字]
意三印。三遍。　蓮華合掌以左右風指押空明慈救咒
可用若七月行內婬成結此印修行無始煩惱成
三部已體是文殊童形眞言辯財天之大事也。

四十三藥師大事

智拳印明 [梵字]　外五貼印明 [梵字]

鉢印明 [梵字]

口授云。印中ニ圓器ニ悉有妙藥云云

四十四　藥師十二神事

[梵字]子彌勒　[梵字]丑勢至　[梵字]寅彌陀　[梵字]卯觀音

[梵字]辰摩利支天　[梵字]巳虛空藏　[梵字]午地藏　[梵字]未文殊

[梵字]申藥師　[梵字]酉普賢　[梵字]戌金大日　[梵字]亥釋迦

四十五　虛空藏一印許可大事

印。內縛二風立合。三度開合。明 [梵字]

同印。灌頂無所不至印明 [梵字][梵字][梵字][梵字][梵字]

口傳云。此印習三瓣寶珠也。

四十六　不斷求聞持大事

二手內縛以左之大指[梵字]七遍。同印以大指[梵字]七遍招。次

二大幷招七遍。三面寶珠印。口傳。七遍。次無所不至劍印。

七遍。

右每日修佛法繁昌。富貴自在。如意吉祥。壽福增長。

萬物任意也。云云

四十七　飛行自在之法

先護身法。次向日輪以刀印安左腰仰。以

[梵字]一 [梵字]二 [梵字]三　右釵日輪之內書之。

[梵字]八 光 [梵字]四　次以右中指左掌之

[梵字]七 [梵字]六 [梵字]五　內書之卽呑之。

[梵字][梵字][梵字]

[梵字]光火金性弘榮（姓 貫壽）　私云。其人姓ハ書實名。次九字之印明如常。

[梵字][梵字][梵字]

寶瓶之內南無九萬八千之軍神來臨影向其人實名某甲

圓滿令守護給。[梵字]ヒ[梵字]チ[梵字]ンア[梵字]ナ[梵字]ヤ[梵字]マ[梵字]リ[梵字]シ[梵字]エイ[梵字]ソワカ 此三遍

吹入卽切九字。祈其人息災延命。

次以右中指左掌之內書之。唱[梵字]ケン[梵字]カン[梵字]ペイ三遍呑之。

次合掌。唱南無日輪摩利支尊天天中地十一禮、合三十三禮也。
次九字百遍具可終。次作摺念珠專心息災怨敵退散能能祈念。任意云云
右此祕法唯受一人也。縱雖爲千金輙不可相傳也。可祕可祕畢。

四十八 佛母大孔雀明王經法

就金剛界修之。

根本印。内縛二大指二小指各立合。ロイ

ヲン マユラキランデソワカ

七佛印明。普印。

ナウマクサマンダボダナン アンサラハホダボウヂサトヘキリタアニヤベイテヤニナウマリサラハヒテイソワカ

彌勒印。虚合屈二頭合甲並立二大指押二頭指側。

ナウマクサマンタボタナン アジタンジヤヤサラハサトヘシヤヤトキヤテイソワカ

緣覺印。内縛二中指圓竪合錫杖相。

ナウマンサマンダボダナンバン

聲聞印。二手舒掌。左仰右覆。左右相合。二手共小屈掌。

ナウマクサマンタボタナン ケイトハラチヤヤビキヤタキヤラマニリシヤタウン

以上

四十九 日和揚之祕印

外縛五胋印。外五胋印。中結觀日輪。ロイ

愛染大咒末ニ

祈願。

五十 止雨法

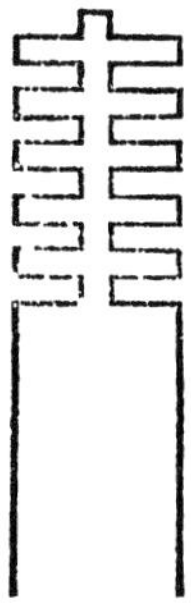

書此符以烏瑟沙磨小咒加持百遍眞言曰。ヲロ

[梵字]（ナウウンジヤク）
加持了向雨可投之。立處雨止。度度有證據。

五十一　不動隱形之大事

二手合掌二火入掌中。背合二風押二火甲上。二空押二火側。火界咒終誦[梵字]字。

魔界偈

天魔外道皆佛性　四魔三障成道來
魔界佛界同如理　一相平等無差別矣

口云。一切惡魔外道作障礙時誦此偈。殊書一切符形唱此偈。

又云。下根下機者示之。不見不聞之大事觀之可祕。云云

同每日誦之外道不能障礙。總狂亂者加持用之。產生握符誦此偈加持必握生子符生云也。但可依觀念別病者加持尚用之。是高野山光臺院木食純良房祕藏相傳也。

先作二手金剛拳合面當心金剛座也。

五十二　不動五箇印明

[梵字]

次舒二頭指峯相柱。[梵字]

次根本印。慈救咒。此印大聖明王寶體也。

次三界火聚印。二小相叉入掌。以二水押小指叉間。小指峯皆自水火間出外。以右火輪纏左火輪背。以左風空鉤抱右火指甲。右空風相捻柱左中指第三節。即大聖明王大智火輪變法界燒諸煩惱薪天魔非人薪義也。

次結護加持身土一如印不動羯識印劔印事也慈救咒。

右常行住坐臥護身結界之次必可用之。雖交天魔破旬中更不犯也。知五箇印言人者隨順不動尊四威儀片時更不離護持給。臨終正念必往生淨土奉見眞實大聖明王。天竺其人旣員多。震旦亦亘多也。日域智證大師現身奉見不動尊親授灌頂。

正中二年乙丑正月廿一日

金剛佛子快成 三十三歲

右以先師相承印信本授與大法師畢

元和元年乙卯七月十七日

阿闍梨宥快授與 宥智

安祥寺折紙中有之。不動所望人如此書盡授之。餘尊大事准之。

聞書曰。付五箇大事醍醐方成尊僧都鞍馬一百日丑時有御逵堂御祈誓。有毗沙門御感出現授此大事。餘流此大事無之。中院流極大事也。唯授一人可祕。云云

五十三 不動與大師一體事

大師額八卦イタル樣ナル所卽不動蓮華也。五胋卽鈒數子索雙海則磬石也ト云云

五十四 不動祕印事

塔印門中如鈒。〔梵字〕

外五胋五指鈒形之。〔梵字〕

御口云。佛部不動印無所不至開二大指間三摩耶形也。

佛部普門總體故無所不至也。又右〔梵字〕中〔梵字〕左〔梵字〕順逆誦〔梵字〕誦慈救咒九遍也。

五十五 不動十界私記

不動明王三世諸佛覺體等正覺之導師。十界所具之尊王也。凡十界者謂火焰地獄。尊體餓鬼。加樓羅焰畜生。鈒修羅。索人。瓔珞天。袈裟聲聞。臂釧緣覺。坐石菩薩。頂蓮華佛道。以表十界不動理鈒其形如蓮葉。智鈒形三角。利鈒形寶形也。是云不二鈒。不動根本一字咒最祕ト云云

五十六 加句大事

不動印無所不至。明慈救咒。誦此咒一遍後開二中

加[梵字]字。火焰增長則惡魔自退散。從東寺寶菩提院相傳之。唯授一人極祕也。

五十七　愛染王灌頂印大事

理拳印。　胎界　[梵字]三遍。
智拳印。　金界　[梵字]
次無所不至。　理智冥合塔。　[梵字]
口云。初[梵字]佛部。次[梵字]金剛部。次[梵字]蓮華部也。如次大日不動愛染也。可祕可祕。

五十八　愛染百萬遍大事

先外五股印。　息外作出眞言。
[梵字]
次內五股印。　息引入內眞言曰。
[梵字]
此二印二息一明之大事無疑心修悉地成就。云云

五十九　摩利支天大事

先護身法。如常。　次外獅子印習九字。
次內獅子印。　[梵字]摩利支曳ソワカ
次馬頭印。　蓮華合掌入水風掌內。　明九字。
次日輪放光印。　開兩手五指合左右大頭端。
南無日輪摩利支天[梵字]
次陰形大金剛輪印。有口イ一　[梵字]
某息災安穩畢

六十　摩利支天鞭法　鬼宿日始行

先護身法。　次九字。　次法螺印。勸請貝三匝。
三昧法螺聲　一乘妙法說　經耳滅煩惱
當入[梵字]字門
次取鞭本尊月中書

種字并實名。
次寶瓶印。
觀想。寶瓶內有日輪。日輪中有我身。我身卽日輪。

日輪卽我身也。
次取鞭鞭先月輪光字(光)右乳下以鞭我身書。
次外獅子印。三反。
遊行无畏　如獅子王　智慧光明　如日之照
次天扇印。金剛輪　唵摩利支莎訶
次日輪印。　唵阿儞底耶莎訶
次定印。妙觀察智。
內道場中有座。座上有獅子。獅子上有三足烏。烏變成[梵字]字。[梵字]字變成日輪。有摩利支天。
次合台開合祕阿イ。未敷蓮華。
我モ大指合　天モ頭指合　地モ中指合　向モ水指合　跡モ小指合　左モ小指開　右モ
水指開　何レカ中指開　天頭指開　加護ニモルヘキ大指開　又合。イロ
次開合合開。ロイ堅實合掌。
我モ大指開　天モ頭指開　地モ中指開　向モ水指開　跡モ小指開　左モ小指合　右モ
小指合　何レカ中指合　天頭指合　加護ニモルヘキ大指合　又開。イロ
次右手執鞭左拳安腰三度衝ツ。

(破敵)

若外有祈書其事衝敵人書其名衝。娑羅帝娑羅帝莎訶
次念誦百反。　唵摩利支曳莎訶
次彈指三反。　如无所不至彈頭指。
唵摩利支曳怨靈怨敵卽滅三度彈指。
次法螺。奉送貝三匝。
三昧法螺聲　一乘妙法說　經身滅煩惱
當入[梵字]字門
初反聲出唱。二反聲卑唱。第三反口內三昧法螺聲當入[梵字]字門此前後句計唱。
次鯨波音左右金剛拳安腰。　[梵字]觀念計也。
次以鞭止。止三度唱可衝。敵名　怨敵消滅三度。
次早念誦千反。　[梵字][梵字][梵字]
次心經等法樂。已上鞭作様重重口傳。
此法初行百日已後。
先護身法。　次根本天扇印明。　次隱形印明。
次念誦。百反。　唵摩利支曳莎訶

每日念可持此鞭一切災難消滅。

六十一　鞭加持法

先護身法。

南无歸命頂禮摩訶毗盧遮那如來（禮拜三反。）

次前方便。（如常。）　次祈願。

鞭杖護持　信心願主　息災延命　諸願成就

次三部被甲。（如常。）　次五鈷印。　八字文殊咒

（オン ア ビ ラ ウン キャ シャ ラ）七反。

次刀印。　鞭木末可加持。明六反宛。

（オン バ サラ キリ ウン）

次八葉印。　唵阿日耶莎訶。七反。

次毗盧遮那佛印。　二手內相叉竝立二大指。眞言

七反頂上散。

唵阿尾羅吽欠。

次摩利支菩薩根本印。　大金剛輪印。印身五處

唵摩利支莎訶。七反。

先額。次右肩。左肩。次心喉。於頂上散。

次取鞭。　鞭先十二方可書光字。十二支書事也。

次般若心經。（隨意讀誦經陀羅尼。）　次祈願　次拍掌。

次彈指。　次下座禮佛。　已上。

六十二　摩利支一印法

先身印。　當心眞言七反。次加持五處心額左肩右肩喉頂。

唵摩利支莎訶

次隱形印。　當心一百八反。

唵阿爾底也引摩利支莎訶

七種所行時可加持。

睡眠。覺悟。沐浴。遠行。逢客。飮食。行厠。　以上。

六十三　鞭之法大事

勝軍木（ヌルデト云、カツノ木ト云）以作之唐尺一尺八寸。或一尺二寸。或八寸。

[梵][梵]イ[梵][梵]イ[梵][梵]愛染六觀音種子也

[梵][梵][梵][梵][梵][梵]　○以錦包柄六節可結

[梵][梵][梵][梵]　イ[梵][梵]　イ[梵][梵]

私云書念種子事不苦。

着緒穴頭指取寸法。

此結叶ノ字チムスブ修ス寸左右ニカクル寸ハ結ノ先キザットムスピカクル之

念入鞭ハ右寸法。何レニテモ種子不殘書。黑塗リニ能クヌリ。サキヘ圖ノ通リ粉ニテ日月星ヲ書クヿ之錦袋ニ入レ常ニ所持之。緒着處ロイ。左右ノ乳ノ間ニテムスブ。中指迄明ル云云。

鞭捺樣以勝軍木可作。ロイ可祕。

[梵][梵][梵][梵][梵][梵][梵][梵][梵][梵]

[梵][梵]　○愛染　○愛染　以錦包柄六節可結

[梵]千手　[梵]正觀音　[梵]馬頭　[梵]十一面　[梵]准提　[梵]如意輪　[梵]不空羂索　六觀音種子裏ニ可書。傍書係後人朱書。

六十四　辯財天大事

辯財一印法。石山淳祐傳也。

先護身法。次無所不至印。次虛心合掌。[梵]字。六遍

次大虛空藏印。[梵][梵][梵][梵][梵][梵][梵][梵]

次法界定印中ニ般ニ置テ念珠辯財天ノ御身體ヲ觀ト

[梵]トトマニ[梵][梵]千遍。

次八葉印。八大龍王頸珠ヨリ雨財寶與給ト行者可觀。

[梵][梵][梵]陀佛娑羅娑婆テイエイソワカ八遍。

任意所念。世出世悉地成就無疑。唯授一人。可祕。云云

六十五　辯財天摩尼祕法大師傳

先護身法。
次無所不至印。［梵字］（ベンウンタラクキリクアク）
次大虛空藏印。［梵字］（ギャギャナウサンバンバタラク）
次寶珠印。　虛合二頭寶形。　オン［梵字］三遍。
次正念誦。　大虛空藏。七遍。　オン［梵字］七遍。
オン［梵字］（ベイロシャナウマラソワカ）七遍。
觀想。掌中有白蛇。是即大辯財天御體。吐諸寶成就行者悉地。
右珠數三匝入掌中觀。
次數珠三回如常。　オン［梵字］（バザラグキャシャヘンサンマエイウン）
次本尊眞言。百八遍。　オン［梵字］（ソドドマニソワカ）
次八葉印。　觀八葉即八龍。吐諸寶成就行者悉地。
オン［梵字］（ベンアミリテイソラソバテイエイソワカ）
次牙印。
オン［梵字］（ウダヤウカヤ）某轉貧福德圓滿宇賀神將十五童子諸德神等。七遍。
次讀經隨意。

同祕法

先護身法。
次智拳印。　明。三遍。　オン宇賀［梵字］（ウガヤバザラダトバン）
次外五股印。　明。三遍。　オン宇賀［梵字］（ウガヤアビラウンケン）
次內五股印。　明。百遍。　オン［梵字］（ソラソバテイエイソワカ）

六十六　辯財天八印一明大事

一堅實合掌印　二虛心合掌印　三未敷蓮華印
四開敷蓮華印　五開左右腕舒立兩五指。
六生身蛇形印有口傳。　七仰左手懷中招入所望事。
八梵篋印　擴左右手仰左覆右如虛心。是梵篋印。
オン［梵字］
［梵字］某所願成辨［梵字］
觀想。日輪生身。辯財天頂上有白蛇。本尊涉入我身。我亦涉入本尊身。互相影現。不二。
已上八種印畢。向日輪三身之中以應身印三時各一百遍可誦。限七月可行。但以不婬爲修行肝要也。自餘者可任意。

一同結願作法。八印眞言。如常。

次結願印。内縛立並二中指。光明眞言三遍。後三度叩也。

次佛眼印。佛眼咒。

本尊咒。ソロソバテイエイソワカ

佛眼咒。ナウボバギヤバト。ウシユニシヤ。ヲンロロソボロ。シンハラチシユタ。シユタロシヤニロサラハラタサタニエイソワカ

六十七 辯財天七月精進大事 并開白結願作法

先行三七日。向日輪(朝日)三時行法。

先護身法。如常。 次堅實合掌。 次虚心合掌。

次未敷蓮華。 次開敷蓮華。 次兩開印。左右中五指向内。

次白蛇印。 次成就印。 眞言曰。

チンウカヤシヤヤキヤラヘイチンアニチヤシチリチテイウンタ

某甲 心中所願圓滿 キリクソワカ

次庫藏萬寶印。

開白作法

先護身法。 次光明眞言。廿一遍。

次無所不至印。三遍。

次外五鈷印。

次八印。一明可結誦。

結願作法

八印一明如常。 次内縛並立二中指。 光明眞言三遍。

次佛眼印明。

次本尊小咒。三遍。 以上畢

六十八 同七月結願之作法

八葉印。如常。 光明眞言。三遍。

彈指。三遍。 ホアシヤ

佛眼印。

本尊小咒。 ソラソハテイエイソワカ

ボダロシヤニソワカ

七月行開白結願壇圖 開白朝日 結願日午

高机

瓶	酒	瓶
飯 餅 菓		菓 餅 飯
華 塗 閼		香 閼 塗 華

如此

六十九 [梵字]神將法 辯財天ノカシラニ御座ス神ナリ

金剛界智拳印明云。[梵字]

胎藏界外五貼印。 [梵字]

蘇悉地羯磨會拳菩薩印明云。[梵字] [梵字] 金剛拳印左拳上也。

七十 毗沙門二重大事

初重印。 堅實合掌。 [梵字]

第二重印。 外五貼印明曰。[梵字]

七十一 毗沙門拜見大事

先護身法。 次多聞天祕印塔印明曰。

[梵字]

七十二 荒神拜見大事

先護身法。

次請車路印以二空向發。明[梵字]三遍。

次外五貼印以風指向發。明[梵字]三遍。

次內縛印三度散。明。[梵字]三遍。

次舍利禮。一遍。

次二手金剛拳上右下左明。[梵字]

次下右上左同眞言。一遍。 次申水火上右下左眞言。一遍。

次下右上左同眞言。一遍。

次申兩地水上右下左眞言。一遍。

次下右上左同眞言。一遍。云云 次頌文曰。

荒神ト者金剛薩埵ノ垂跡ナリ。荒神ノ三密ト與ニ我等ノ三密ト
本來平等平等無二無別ナリ

七十三　大六天六印大事

先護身法。如レ常。　次内縛印。
〔梵字〕〔梵字〕〔梵字〕〔梵字〕チャウ〔梵字〕〔梵字〕〔梵字〕チャウ〔梵字〕〔梵字〕〔梵字〕〔梵字〕チャ
ウ〳〵ハラ〳〵チンハク〳〵チャウセン法
生成就ス〳〵ソワカ
外縛立二二頭一　生子ニハタリサクチニアイケルハ
我マタミキソクセコウクツク。ノシヲモチテ
イカナルカミカタタリナスナヨ
彌陀定印。　アミリタテイセイカラウン
大金剛輪印。　〔梵字〕カカカヒサマエイソワカ
金剛合掌ノ大金剛輪咒。　次九字十字。

七十四　倶利加羅大事

印　虚心合掌シテ以二右ノ大指ヲ一押二左ノ小指ノ根ヲ一立二右ノ頭指ヲ一覆チ
左ノ頭指ニ付二置右ノ大指ノ本左ノ頭指ニ一。
明ヘ　慈救咒。　右大事不レ可レ授二非機ノ者ニ一也。

七十五　大黑天一時千座頓成法　三通有レ之。

香華燈明等供レ之。　無疵キズ白米一千粒取レ之。以二淨水ヲ一能ク洗レ之而乾カシ清淨ナル白紙ニ包レ之。入二淨器ニ一結二小三股印ヲ一誦二枳里枳里ノ明二十一遍ヲ一加二持之ヲ一了。二手内縛シテ立二二中指ヲ一以二二中指ヲ一挿ハサミ二米粒ヲ一一粒ツヽ本尊ニ奉二投ケ掛ケ一供シ子日子ノ時可レ修レ之。祈願等ハ任意。　眞言曰。
〔梵字〕〔梵字〕〔梵字〕〔梵字〕〔梵字〕〔梵字〕スサラ〔梵字〕ケン〔梵字〕カン
唱ヘ此咒ヲ奉二投ケ掛ケ一。或無所不至印ニテ投ル事モ有レ之。兩說可レ祕云云祕傳也。

同一時千座法

先護身法。
次外五股印。　七難卽滅。　〔梵字〕〔梵字〕〔梵字〕〔梵字〕〔梵字〕
次智拳印。　七福卽生。　〔梵字〕〔梵字〕〔梵字〕〔梵字〕〔梵字〕

次無所不至印。𑖌𑖼𑖦𑖮𑖯𑖎𑖯𑖨𑖧𑖭𑖿𑖪𑖯𑖮𑖯
口云。供物前ニ大豆千粒。白米千粒。無所不至印ヲ取ニテ之。以ニ本尊明ヲ奉レ供レ之。
智拳印。　七難卽滅。　𑖪𑖽𑖮𑖳𑖽𑖝𑖿𑖨𑖯𑖾𑖮𑖿𑖨𑖱𑖾𑖀𑖾
外五貼印。　七福卽生。　𑖀𑖪𑖰𑖨𑖮𑖳𑖽𑖏𑖽
八葉印。　普利衆生。　𑖌𑖼𑖦𑖮𑖯𑖎𑖯𑖨𑖧𑖭𑖿𑖪𑖯𑖮𑖯
皆令ニ離レ苦　得ニ安穩樂　世間之樂　及涅槃樂一
同天密印。　金剛合掌。　𑖌𑖼𑖦𑖮𑖯𑖎𑖯𑖨𑖧𑖀𑖮𑖳𑖽𑖞 𑖭𑖿𑖪𑖯𑖮𑖯

同一夜千座法

先護身法。　次獨貼印ニテ挿ニ大豆ヲ天明ヲ千遍作レ唱投レ之。
次心經。三卷　次尊勝陀羅尼。七遍　次光明眞言。三百遍。
次本尊眞言。千遍　次南無大黑天神。百遍　次經文偈。
願滿世福　行於此道　願求佛法　廣作佛事
次外五貼印。　𑖀𑖪𑖰𑖨𑖮𑖳𑖽𑖏𑖽三遍。
次智拳印。　𑖪𑖽𑖮𑖳𑖽𑖝𑖿𑖨𑖯𑖾𑖮𑖿𑖨𑖱𑖾𑖀𑖾三遍。

次金剛合掌。　𑖌𑖼𑖦(マ)𑖮𑖯(カ)𑖎𑖯(キャ)𑖨(ラ)𑖧(ヤ)𑖭𑖿𑖪𑖯𑖮𑖯
次祈願任意。

供物等圖

○白飯○餅○錢○菓子
○酒○大根
○酒○大根　○香

本尊	舛

○白飯○餅○錢○菓子

私云。本尊ヲ入ニ舛ニ中ニ煎タル大豆ヲ一粒ツヽ投入也。

同七日千座法　又云ニ頓得成就法一

先辨ニ備供一。　次灑水。一度。
次加ニ持供物一。　半五貼印。　𑖀(ア)𑖪𑖰(ヒ)𑖨(ラ)𑖮𑖳𑖽𑖏𑖽
次飯食印明𑖌𑖼　次道場觀。　法界定印。
想壇上ニ有ニ𑖀字一遍成ル大日如來。大日如來變成ニ不動明王。不動明王變成ル摩訶迦羅天。所願成就。萬法出生シ給ヘ。
次外五古印明曰。𑖌𑖼𑖦𑖮𑖯𑖎𑖯𑖩𑖯𑖧𑖭𑖿𑖪𑖯𑖮𑖯
次念誦極少。百遍。　次祈願。　一座畢。

同一時千座法

先護身法。　淨三業計。云云

次無所不至印。　令法久住。利益人天。

次智拳印。　〔梵字〕　七難卽滅

次外五貼印。　〔梵字〕　七福卽生

次蚰形印。

屈火水風。立右地空。仰左手。置其上。三度招。祕事。

〔梵字〕

次金剛外縛。二中指立合。寶形。大豆。数取千度。

云。燒香燈明如常。佛供赤飯菜鹽酒糟菓子可任意。云云

七十六　大黑天大事

金剛合掌唱曰。護持佛法〔梵字〕天三遍。

智拳印　七難卽滅　〔梵字〕

外五貼印　七福卽生　〔梵字〕

無所不至印　〔梵字〕　百遍或千遍任意。祈念畢。

七十七　大黑天鎚袋大事

智拳印。鎚習　〔梵字〕　七難卽滅。

外五貼印。袋習　〔梵字〕　七福卽生

塔印。　令法久住利益人天　〔梵字〕

右祕印唯授一人。輙不可示人。

年　月　日　　名

七十八　十二天法

中院。　三寶院梵日地月異計也。

日鳥　梵蓮　伊鉢　帝杵　火竹　炎頭　月莵　地瓮　毗塔　風幡　水蚰　羅刀

伊勢之内　丹生大明神　鶴河稚明神

高野大明神　嚴島辯財天

一種字守　〔梵字〕

臨兵闘者皆陳烈在前　☆　☆

七十九　十二天持物事

梵蓮　日日　伊塔　帝杵　火竹　焰人　地華
月華　毗三　風幡　水虵　羅刀

八十　水神六印大事

先護身法。如常。　釼印ニ
智拳印。同咒。　金剛合掌。同咒。
八葉印。同咒。　無所不至印。同咒。
日輪印。同咒。　次九字十字可誦。

八十一　山神六印大事

先護身法。如常。
彌陀定印。　セイカラウン
外縛印。同咒。　內縛印。同咒。
內獅子印。同咒。　外獅子印。同咒。
日輪印。同咒。　次九字十字可誦。

修驗深祕行法符咒集卷第三

八十二　八祖印明事

龍猛菩薩　所持物所謂三胋杵表三部。卽上三胋金剛界三部中胋。左胋。右胋也。下三胋胎藏界三部中胋。左胋。右胋。

龍智菩薩　所持物卽梵篋之印也。

金剛智　所持物右手作兩部大灌頂印。卽以空面捻水火伸風地伸立合名不動愛染王究竟密印。密明者。頭指　小指

不空三藏　所持物卽內縛二空入滿月中心。是名不動金剛究竟入定印。密明者。　右指金剛界也。　左指胎藏界也。

善無畏三藏　所持印胎金兩部總攝大阿闍梨位印後行名不動成道印。又法界獨胋印也。前行右手作拳舒頭指。密明者。

一行阿闍梨　所持印卽法界塔印也。密明曰。

[梵字][梵字][梵字]。卽手印者。謂二手虛心合掌。二大指斂形。二頭指爪柱諭。二大上安之。

惠果和尙　所持印。二手外各二大指並立。右大指。金剛界愛染王。左大指。胎藏界不動尊也。密明者慈救咒。終加[梵字][梵字][梵字]。

弘法大師。　所持印杵珠表。斂索也。但上五股表。金剛界五智寶斂。下五古者一切衆生具。五智種子也。上五股密明者慈救咒。下五股明者外五股印也。[梵字][梵字][梵字][梵字][梵字]

高野山龍光院法印宣宥　　授與快照

八十三　八祖懸樣事

北本尊　[梵字]弘法五[梵字]惠果道[梵字]一行祕[梵字]善無畏衣[梵字]不空縛[梵字]金剛智念[梵字]龍智經[梵字]龍猛五

東寺八祖懸出云。

本尊本御影北向

龍猛　龍智　金剛智　不空

善無畏　一行　惠果　弘法

一向北者金輪奉爲守護也。

一次第異儀者本尊右方有勅使座故勅使弘法爲居隣座居也云云可祕。

右東寺寶菩提院御口說。

龍光院法印宣宥　　授與快照

八十四　高野參詣之大事

虛合開頭指[梵字]同印開火指[梵字]同印開水指[梵字]則八葉也。讚曰。

若人專念遍照尊　一度參詣高野山

無始罪障道中滅　隨願卽得諸佛土

次法施。心經等任意。

八十五　大師拜見大事

外縛二空入並掌中　[梵字][梵字][梵字]

法施　心經等任意。

大師拜見大事

印。外縛二大指重入掌　明。[梵字]

御頭目口傳。右最極祕事。云云　縱雖爲入室弟子不可授之者也。努力努力可祕可祕。千金莫傳穴賢。云云

此印明南池院大僧正源仁自大師受印明也。拜見時結誦者也。小野廣澤東寺九箇流中此大事祕事。云云

慶長十四年三月一日　於和州長谷寺書寫畢

傳授性盛法印

八十六　大師拜見作法

先護身法。　次金剛合掌二頭寶形。文曰。

南無歸命頂禮在大海龍王藏幷肝頸如意寶珠權現大士等

次無所不至印。　[梵字]三遍。

次外五貼印。　[梵字]三遍。

次右手捻風空伸餘三指立右肩邊向外。左拳安腰。文曰。　若人求佛慧

次左手捻風空伸餘三指立左肩邊向外。右拳安腰。通達菩提心

次大慧刀印。　父母所生身

次開塔印。　速證大覺位

次法界定印。　[梵字]十遍。

次內五貼印。　南無大師遍照金剛

八十七　御影堂大事

虛圓合掌誦八葉白蓮等四句。本有心蓮。開八葉誦[梵字]修生心蓮。結非內非外印誦[梵字]。終誦[梵字]。入二大指本有修生不二。

口授云。是中院流大事。又臨終大事有口傳。云云　唯授一人祕法也。云云　又名至極御影堂大事。又御入定時結淨三業印。當頤下立。誦淨三業眞言。終加[梵字]。是則究竟甚深法也。

八十八　大師御影供養

先一禮取香呂。　次着座。金二丁。　次三禮。如來唄。
次金一丁。開眼新被圖繪供養。
高祖大師眞影開眼慈悲御眼爲奉令具足內證五
眼眞言丁置念珠香呂佛眼印明。次取珠呂。爲令圓
滿本地四身四智大日眞言丁置珠呂。大日印言。外
五鈷。　次表白。　神分。
次普供養淨眞言。ム云。普供養印言也。
次六趣廻向。金丁。　次降禮三禮畢。
次金剛光菩薩。　杜二手二大二頭指如月輪。餘六
指開散。　眞言曰。
[梵字]　虛空藏廿一遍。　以上畢

八十九　童子形大師大事

未敷蓮華明。　[梵字]
右此大事諸神來集給奉授大師也。神者天照大神
也。依此大事大師十號中云神童也。深祕云云

九十　覺[梵字]上人拜見作法

先護身法。　次金剛合掌。　若人求佛慧等文。一遍
次彌陀定印。　[梵字]（アミリタテイセイカラウン）
歸命金剛祕密佛　靈地金剛久住者
出世世間利羣生　引導結緣及法界
次外縛二大入掌。　[梵字]五遍。
右野山木食上人所傳也。

[梵字]上人拜見大事

先護身法。如常。　次金剛合掌。　文曰。
若人求佛慧　通達菩提心　父母所生身
速證大覺位
次彌陀定印。　同大咒。一遍。
次非內非外印。　二大竝立。　歸命[梵字]。暫無念可留。

九十一　[梵字]三十萬遍大事

付出入隨命息觀習之。結外五鈷印出息誦[梵字]

[illegible]入息誦[illegible]此出入息一遍自身毛孔氣出入同時誦此明。是名三十萬遍實義也。祕祕。

九十二　護身法大事 大師御口傳

淨三業眞言十六字十六大菩薩十六生正覺卽身成佛也。佛部眞言十字兩界不二二諦和合自身胎內成佛身故十地具足也。蓮華部眞言十字母胎內時成就足指十故誦此明悲母成佛。大悲胎藏者此義。八葉印者蓮華座也。金剛部眞言十字父白渧入胎成就手指十故誦此明慈父成佛。金剛界者不壞身義也。被甲護身眞言十二字日夜十二時和合轉生。十月胎內作業等圓滿衣那。此等皆祕事極傳等故不露顯父母所生身速證大覺位者如此知也。護身法者入胎五大義。十八道者住胎十八界也。金剛界者出胎法性義。胎藏界者出家佛性義。護摩者降魔調伏義。許可法者成道應身義。灌頂法者法身內證德。轉法輪諸尊瑜伽者後證涅槃種種無盡也。誦眞言父成佛決定。結印契母成佛圓滿遊。口決等祕事也。云云不可及他見者也。

天文十七季五月三日　奉授與雅法印

傳授阿闍梨秀尊

慶長十四年二月晦日申請彼御本書寫畢

護身作法

先結本尊印。本尊成身之後誦本尊眞言。千反許。可加持之。其間觀想自我口陀羅尼出金色也。照病者一一毛孔。若欲讀心經本尊成身前用之。云云

次地結印明。　次金剛墻印明。

次以忿怒尊明後明云不動若大威德加持病者。或可咒放。云云

次金剛網印明。　次火院印明。

已上四印明可守護病者也。云云　問。三部被甲不用之歟。答爲他人護身不可用之。云云　他人護身

作法世人全不知之。隨池上聖行房傳之。彼傳云。
地結。金剛墻。馬頭辟除。金剛網。火院。
隨三昧阿闍梨面受之究竟之祕事也。

九十三 驗者作法 池上傳

大底准護身作法用心可用之。嚴範阿闍梨驗者次第可用之。先如形勸請三寶啓事由。我身不背。凡末代僧徒知行共闕付冥顯有憚。非三寶加護者恐怖尤多。驗者先護法付物病者有樣可問顯也。云云

右出阿娑婆抄 嚴範稱横川智光房鷄足房事也。此兜率先德面受弟子也。
寛政三年辛亥四月二日 台山長等峯沙門護法金剛眞超誌

九十四 持戒淸淨法

右膝着地擧首觀視佛。
印佛部三昧耶印。開二大附二頭指根。 明曰。
サラバハラバイヤキンヤキリダナン
口云。此印明者明慧上人於紀州白山峯親從文殊菩薩所授祕法也。重重口傳在面。

九十五 立座之法

外五貼印。 三遍。

九十六 顯露不可結印事

准胝儀軌 金剛智譯 云。即以塗香摩手而結印契時。以衣覆之。勿令人見。文
陀羅尼集經云。像前作印時以袈裟覆之。或用淨巾。文
最勝太子經云。復次善男子等。欲用印先持咒。有効印行用。欲結印時淸淨沐浴。着新淨衣。乃至即以二尺緋紗等。文
當時行用依准胝軌於衣袖下作之。或依集經文於袈裟下作之。淨巾常所不用也。

九十七　法界調伏法

六字明王印明。二手各以二大指捻二中指頭仰定掌覆慧掌以慧風指入定大中間以慧小指捻定無名指頭以慧無名指捻定頭指。四處加持。觀想一切衆生對我成惡心者截惡心細令一體無二吾。眞言曰。〔梵字〕（ギャナ ギャヒ ナ カンジュ ダ ナ メ ナ）

次大勝金剛印明。本三昧耶印

二手內縛立二中指。而屈上節作劍形。

觀想。同前。　眞言曰。〔梵字〕（マ カ メ ソロシユニシヤウンダランキリクアク ウン）

次大威德明王印明。內縛三古印

二手內縛立合二中指。屈二頭指立二中指背勿附。並立二大指押二中指中節文。

觀想。同前。　眞言曰。〔梵字〕（シユ チリ キヤラ ロ ハ ウン ケン）

次索印。二手內縛立合二中指。

觀想。同前。　眞言曰。〔梵字〕

九十八　悉地成就事

以散亂心觀念一切善根不成就也。思諸願成就此印咒可修之。

印。並內縛二大。右空置左空上。

眞言曰。〔梵字〕三遍。可秘。秘密要術法。

印。　ム云。二手虛合普通合掌當胸間曰〔梵字〕。此觀念口傳可秘。

此法者諸事不成就時如此觀修一切悉地速疾成就獲得無疑者也。不信非器者不可授。秘中極秘故。云　云　莫傳。

九十九　不動悉地成就祕法

印內縛立合二風二火。開立二地。以二空押二水側。

印成明曰。〔梵字〕

口云。二空兩部大日。二水煩惱。二風不動。二火火焔。二地二童子。觀合二界大日押諸煩惱時而從大日出生不動也。云　云　故所修法成就給也。法成障礙煩惱所爲也。然大日押彼能障煩惱故決定速疾成就悉地。云云 一切所修法聞法無不成就也。

年　月　日

百 轉禍爲福法

外縛二大並置內。

口云。二大兩部大日𑖀𑖪𑖽即雙圓性海也。

眞言曰。𑖀𑖪𑖽

七福卽生。　塔印二風寶形。　𑖀𑖪𑖽𑖨𑖽𑖮𑖽𑖏𑖽

百一 祈禱之事

先三禮。　次如來唄。　次內獅子印。口傳印向上三度誐。

𑖌𑖼 バン バク タ ア タ ウン シッチ ア キ ネイ ウン ウン ソワ カ

次外獅子印。　眞言同上。

口傳云。此印向下三度誐之。如次誐盡行者幷病者及行疫神等乃至一切衆生內外三毒三業所犯無始罪障可觀。云云

次心經。七卷。若百卷。千卷任意。　次祕鍵。一卷。

不動。　大黑。　梵天。各咒誦之。

百二 祈禱成就大事

先行法一座時。後垂供養閼伽時。本尊左耳付指可祈念。　眞言曰。

𑖀𑖪𑖽𑖨𑖽𑖮𑖽𑖏𑖽𑖀𑖪𑖰𑖨𑖮𑖽𑖏𑖽𑖀𑖨𑖭𑖜𑖯

如是唱後。本尊耳當由申意也。觀念者。本尊本走申御歸リ時分。手水カケル時事由申也。此人間上致本走歸時分湯進手水進是懇意也。此時我思事言出謂事叶也。此等內證心得也。如此修何事成就云也。

百三 祈念成就印明 悉地成就印明云

印。　內縛二小指開立。　唵陀枳尼𑖮𑖳𑖽タラヤソワカ

百四　行住坐臥四威儀法

惠果和尚授大師曰。五體者是爲五輪故。本來佛身上聊可用觀想。其祕傳者。先右手降三世。左手金剛夜叉。右足軍荼利。左足大威德。頭兩界不二大日大聖不動明王也。去又背金剛界大日黃色。腹胎藏界大日白色也。觀無所不至。印當左心𑖀𑖁𑖀𑖽𑖀𑖾𑖁𑖽𑖾。三遍同印當右胸𑖪𑖽𑖮𑖳𑖽𑖝𑖿𑖨𑖯𑖾𑖮𑖿𑖨𑖱𑖾𑖀𑖾。同印當額𑖀𑖪𑖰𑖨𑖮𑖳𑖽𑖏𑖽。是則我身五大明王大日法身體也。行住坐臥無相違常可觀想也。四威儀常住瑜伽是名云眞言行者。最極祕密之用心也。努努勿授不信非器者。是眞言深祕之內證也。云云

百五　總許可印信 名未詳法

印。握地水火以大指押三指。立風覆右膝上。左如前。但以風承左顏。

明。唵婆羅婆羅縛日羅二合含

百六　眞言妄失時用心事

若修諸尊法等時印眞言妄失。眞言用𑖀字印用金剛合掌。

又法金云。若無眞言以梵字爲眞言。若無印相用普通印。云云

或說云。言用𑖀𑖪𑖰𑖨𑖮𑖳𑖽𑖏𑖽諸尊普通眞言。

百七　請布施作法 頼瑜僧正傳

先咒願。金剛合掌。

今日施主　所獻珍財　所生功德　無量無邊
一切善願　皆令滿足

次滅受信施罪印明。不動獨鈷印。眞言。三遍。

𑖌𑖼 𑖟(ダ)𑖡(ナウ)𑖧(ヤ)𑖭𑖿𑖪𑖮𑖯

次三輪淸淨偈。一云布施請時之頌文。

能施所施及施物　於三世中不可得イ無所
我等イ今安住最勝心　供養一切十方佛イ十方佛法僧

百八 布施物之大事

少財布施　多罪消滅　受用恩德　決定成佛
三輪河哉清流唐衣
クルトヲボスナトルトヲモハジト云云

百九 隱所作法

檜尾記云。入大小便所及一切穢所
觀想頂上有[梵字]字。左右脇有[梵字]字。皆火焔圍繞。
卽以左手作金剛拳。右手作蓮華拳。誦烏瑟沙磨
眞言加持五處。言曰。[梵字][梵字][梵字][梵字][梵字][梵字]

隱所作法

左右手蓮華拳安左右腰印五處擧體。[梵字]字頂上心
中壇中有自眼變成赤色。消除器界中垢穢不淨。次
烏蒭沙魔眞言曰。クロタナウウンシャク

百十 屎土之大事

次蓮華合掌。御法界道場タカマカ原三遍。
次法界定印。[梵字]コヽダヤクロタンナウソワカ（ウスサマ明王ノ咒）三遍。
次日輪印。[梵字][梵字][梵字]トトハンハウンハッタ一遍。

百十一 神祇講式法

先護身法如常。
不動火界印。火界咒。
八葉印。[梵字]……誦納
內縛シメ中指立合[梵字]……唵急如律令

百十二 諸社大事

先入鳥居時塔印開明[梵字]是胎藏界。
次向御神殿印外五股印。明[梵字]是金剛界。
次觀神體印八葉明[梵字]是不二義。
口傳云。諸神本地皆[梵字]。翻愛染也。最祕最祕。觀

想唱之。合掌。
南無本覺法身本有如來自性心壇內護摩道場三遍。
詠和歌曰。
知和野布留和何古古露與利須留和座於
以豆禮能可美賀與曾你美留邊幾三遍。

百十三　春日拜見大事

第一殿本地釋迦　第二殿本地藥師
第三殿本地地藏　第四殿本地觀音
第五殿本地文殊
無所不至印。[梵字][梵字][梵字]ベタ[梵字]カ[梵字]サ[梵字]マ

百十四　伊勢灌頂

開敷蓮華印。八葉印。明[梵字][梵字]也。
塔印閇。胎藏界明[梵字]
外五股印。金剛界明[梵字]
南無本覺法身本有如來自性心壇內護摩道場三遍。

智和野布留和何古古露與利須留和座於
以豆禮能可美賀與曾你美留邊幾
口云。八葉印[梵字][梵字][梵字]心形[梵字]字。神體愛染王也。經文云。常於自心中觀一[梵字]字聲是也。是兩部不二體也。
內宮以石造八葉蓮華其上在金色生身蛇。外宮以石造五輪塔空輪上有白色生身蛇。自往昔至今常住不滅也。是則[梵字][梵字]體云云
伊勢祭主蒙神託告與數律師以來相承傳來。不出口外祕事也。努努。

百十五　社參七種祕印 附除觸穢

先智拳印。光明真言。
次外五股同明。[梵字][梵字][梵字][梵字][梵字]
次無所不至印明同。ナウマクサンマンタボタナン
次辯才印。外五股印明同。

次施無畏印明同。右手拳空指掌入也。
次八葉印明。ソロソホテイソワカ
次智拳印明同。可秘云云

百十六 同札守事

嵹屍喼急如律令
守内符云。已上

百十七 愛宕拜見大事

先護身法。如常。
次内縛中指立合明曰、
次大海印。ロイダイクラタツタヲルマヤテングスマンギソワカ

百十八 三部權現拜見大事

先護身法。
次金剛合掌。開頭指。次開中指。次開無明指。
次合無明指。次合中指。次
智拳印。
次無所不至。

百十九 四處明神事

丹生 團扇　高野 扇子　嚴島 阿藝　鷄宮 越前

百二十 九社拜見大事

無所不至印。
左 丹生 高野　伊太祈曾大明神
中 御船三所大明神　金折六所大明神
金峯藏王權現
右 熊野三所大權現　白山妙理大權現
牛頭天王八王子

修驗深秘行法符咒集卷第四

百二十一 日待大事

先護身法。如常。　次日輪印。　頌曰。

歸命日天子　本地觀世音　爲度衆生故

普照四天下三遍。　[oṃ a vi ra hūṃ khaṃ]

次日輪之內[梵字]字三遍書。但中指書。

次八葉印。　日天咒。三遍。

[梵字]一遍。　祈念任意。

武州幸手性福寺住法印隆鍐傳授之　淳海

日待大事

先護身法。如常。　次向日天日輪印唱曰。

歸命日天子　本地觀世音　爲此度衆生

普照四天下

同印。　[a vi ra hūṃ khaṃ]　次向日天[梵字]字。三遍書。

次八葉印。　[a vi ra hūṃ khaṃ]

次隱形印同明 屈左覆右掌上吹入如心所念息。次右空指入左掌上覆。

餘可任意。

日待大事

三日以前精進潔齋。十五日之曉向日輪。二手內縛二風二空立合。以二風首彼日輪面書[a]字三遍畢誦[梵字]字。二風開作鉤形。召入彼日輪掌內。三遍召入已。風空入內爲縛誦[梵字]字。念彼日輪冥合成無二一體。放光時身心重罪惡業悉消滅。往生安樂世界。云云

印明。　內縛二中指立合　[a vi ra hūṃ khaṃ]

同印　[梵字][梵字][梵字]

八葉印　[梵字]

右奉向朝日祈念悉地成就無疑。云云

日待作法

先護身法。

次金剛合掌。　過去現在未來。三遍。

次無所不至印。慈救咒。二十一遍。
次蓮華合掌。五字文殊咒。七遍。〔梵字〕
〔梵字〕
次八葉印。五字明。三遍。〔梵字〕
次外五貼印。〔梵字〕（アキシュヒキャラウン）三遍。
次金剛合掌。日天咒。三遍。〔梵字〕
師口云。右兩種眞言各一千遍可誦之。是則正念誦也。云云
次三歸。金剛合掌。
南無歸依佛　南無歸依法　南無歸依僧
次祈念任意。已上。

日待作法 初夜作法

向東方三拜。文曰。
歸命日天子　本地觀世音　普照四天下
廣度諸衆生
次護身法　〔梵字〕

右金拳伸風虛空書之。可觀三瓣寶珠。左拳安腰。
次日想觀。日輪形印。私云。金界光菩薩印
〔梵字〕（ホウニウダソワカ）〔梵字〕（ヤニチヤヤ）
次取念珠。誦光明眞言二十一遍。
先護身法

百二十二日待夕日禮法 初夜作法

次向日輪以刀印。日輪之中書〔梵字〕
次金剛合掌。〔梵字〕（センダラヤ）七遍。〔梵字〕（アニチヤ）
〔梵字〕（ヤ）七遍。
次外五貼印。光明眞言。次可祈念所求。
口云。此法高祖大師入唐時修之云云

百二十三日天大事 向朝日修之

先護身法。如常。
次屈右手四指立頭指日輪內書我名乘。
次合掌念佛。十遍。次唱法華經文。其文曰。

如來如實智見三界之相無有生死若退若出亦無在世及滅度者。非實非虛非如非異。不如非異。不如三界見於三界。如斯之事如來明無有錯謬。文

次合掌唱曰。

願我臨欲命終時　盡除一切諸障礙
面見彼佛阿彌陀　卽得往生安樂國文

然後祈悉地。可祕。云云　龍光院宣宥

日天子法 祕書

先向朝日金剛合掌三禮。　誦普禮眞言。

次三部。被甲。護身等。

次大虛空藏印言。〔梵字〕（ギャ ナウサンバンバ バ ザラ コク）

次結大日印。二手內縛竝立禪智少屈初節。

歸命〔梵字〕

次日天子印言。　二手虛合以二大指相拄二水指下文。

歸命〔梵字〕（アニチヤヤ）

口決云。結印觀想。印上有〔梵字〕字變成蓮華。蓮華上有〔梵字〕字變成日精摩尼珠。摩尼珠變成日天子。於二手持日輪。日輪中有〔梵字〕字成聖觀自在菩薩。

歸命〔梵字〕

光明照法界。彼日輪光明與觀音光明合成一體。成日精摩尼珠雨無量珍寶授一切衆生。又當光衆生滅無量罪障成就最上悉地。一切所願圓滿。

次觀音印。　二手外縛二頭指相柱如蓮華葉。

〔梵字〕（バザラタラマキリク）

次金剛光菩薩印言。　二手各二大二頭端相拄如日輪。餘六指開散。

〔梵字〕（バザラテイジヤヤン）

次虛空藏印言。　二手外縛二頭指如寶形。竝立二大指。

〔梵字〕（バザラアラタンノウオンタラク）

次念誦。　大日七遍。　觀音二十一遍。　光菩薩二十一遍。

日天子。百遍。　虛空藏。二十一遍。

百二十四　每日日天拜見作法

先護身法。　次八葉印。口傳　キャマラ

次外五貼印。　五大咒。　次光明眞言。二十一遍。

次日天子咒。二十一遍。　次灌頂印明。

次回向　願以此功德等。

次祈願任意。有別祈願作法前可祈願　次三部被甲

百二十五　居待大事　廿四日或廿三日

外五貼印。ニテ

七難則滅　以頭指外放。內五貼印。ニテ

七福則生　以頭指內招。弘法大師御作也。

百二十六　八輻輪之日記

先護身法。如常。

次金剛合掌。

次無所不至印。

次半寶珠印。

次外五貼印。

次八葉印。　頌曰

歸命日天子　本地觀世音　爲度衆生故

普照四天下　一稱一禮者　怨敵悉退散

シ

次佛眼印。　三遍。

日日日

光　日　日

日日日

次八字文殊眞言。百遍。

八輻輪　日天法

先護身法。　次金剛合掌。　眞言曰。

アラハシャノウアギニヒキャラウン

次無所不至印。　眞言曰。

[梵字](ナウマクサンマンダボダナンアア)三遍。

次半寶珠印。

虚合二風附二中指第一節下竝押屈二大。

[梵字](オンケンバヤホロン)[梵字]

次外五貼印。

[梵字]三遍。

次六葉印。　八葉印二風附二中背。　頌曰。一遍。

歸命日天子　本地觀世音　爲度衆生故

普照四天下　一稱一禮者　滅罪除業障

現受安穩樂　臨終住正念　盜賊即滅亡

衆怨悉退散

[梵字](オンアニチャヤマリシエイ)[梵字]　[梵字](オンボダロシャニ)[梵字]

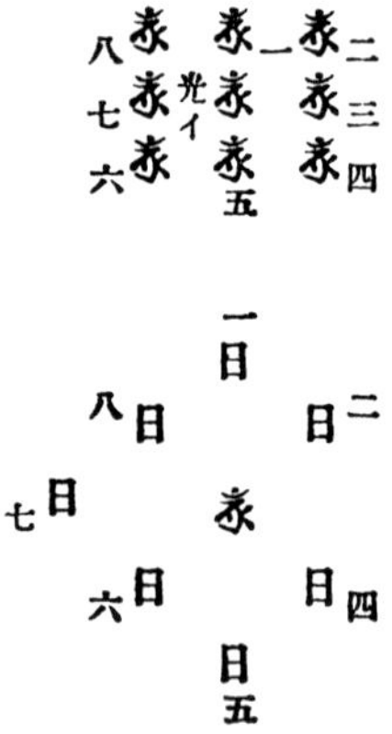

[梵字]日字順書息災也。逆書調伏也。調伏時八字文殊呪日日一千遍又五千遍又一萬遍可滿之。

次正念誦。作法如常。　眞言曰。　[梵字](オンアニチャヤマリシエイ)[梵字]

次六葉印。　明如前。

次日天師子印。　二手仰合。二地竝立合。二水交安二風火間爲兩眼。二風附二火第一節。二火立合二大竝立合。二火二空間如口形。二小間如三角。明三遍。二大召之。　[梵字]三遍。

次伏師子印。　先交二地入掌。二水交入火風間爲兩眼。折二火押二水交上。二風如針立合。二大二風間如口形。二大竝立召之。　[梵字]三遍。

次地師子印。　前印屈二風合甲入掌。風大間如口形。順一度。逆一度。又順一度。已上三轉。　[梵字]三遍。

次外師子印。　二手覆右頭指從左頭指背出中無間。左頭指出右中無間。以中纒二頭合甲。二小二無名二大立合。但開二小二小二無間。三遍。

次內師子印。右無名指出左頭中間。左無名指從右無名指背出右頭中間。以二中纏二無。二中合甲立合二小二頭二大。但開二大二頭間。[梵字] 三遍

次外縛師子印。外縛二大竝立。三度召之。[梵字] 三遍

次內縛師子印。內縛二大竝立。三度召之。[梵字] 三遍

次非內非外縛師子印。二手八指端成之。二大三度召之。[梵字] 三遍

[梵字]（マン）息災。[梵字]（シリ）增益。[梵字]（タン）敬愛。[梵字]（シツチリ）調伏。 如是替用。

[梵字]（アタヒラウンキヤシヤラクマン） 一千遍。又五千遍。

次外五貼印。[梵字]

次半寶珠印。虛合二風着二中第一節下竝押屈二大。[梵字]

次無所不至印。[梵字]

次三部被甲護身。

百二十七 身堅法 袖書別傳云 修八輻輪後行之。

大勝金剛印明。內縛二中立合。如劍形。

[梵字]（マカメソロシユニシヤウンタツクキリクノウム）

若末法世人 長誦此眞言 刀兵不能害 水火不焚漂

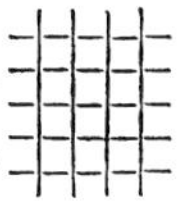

左金剛拳安腰。右刀印切四竪五横。

[梵字]（アニヤマシエイ）隱形[梵字]（ボロン）

百二十八 日禮作法 又云日想觀。

先護身法。 次[梵字]字觀。金剛合掌。[梵字] 七遍。

次定印。法界定印。

觀想。心前有[梵字]字。變成八葉蓮華。蓮華上有[梵字]字。[梵字]字變成日輪。光明赫灼照四天下。無量光焰前後左右圍繞。[梵字] 如來拳印七處加持。

次外五貼印。[梵字] 三遍

次福智顯現印。虛合屈二水。合甲。以二大押二水甲側。二風立散。[梵字] 三遍。

次念誦任意。 次舍利禮。 金剛合掌 七遍。

次祈念任意。　次三部。被甲等(如常)。

日想觀

先護身法。　次彌陀定印。𑖮𑖿𑖨𑖱𑖾字。(三遍)
次內縛立右頭指。日輪中書𑖀字。
次同印三度招之。　明曰。[梵字][梵字][梵字](三遍)。
次內縛印。　𑖀　次外縛印。　𑖀
次非內非外縛印。　𑖀
次金剛合掌。　𑖀𑖪𑖰𑖨𑖮𑖳𑖽𑖏𑖽　次念佛。(百遍)
南無歸命頂禮　慙愧懺悔　六根罪障
臨終正念　往生極樂　乃至法界
平等利益

日想觀之大事

先護身法。(如常)　次日輪印。　𑖀𑖪𑖰𑖨𑖮𑖳𑖽𑖏𑖽
次向日輪以鉢印。　三遍書𑖮𑖿𑖨𑖱𑖾字。
次金合文曰。

歸命日天子　本地觀世音　為度衆生故
普照四天下　一稱一禮者　滅罪除苦惱
現世大安樂　臨終住正念矣
次正念誦。(如常)　眞言𑖌𑖼ウカヤシャ等
次觀音經。(一卷)　次舍利禮。(七遍)
次日天咒。(百遍)　次月天子咒。(百遍)　祈念任意。

百二十九　十五日行作法

先護身法。　次法界定印。　唱偈曰。
常於自身中　觀一𑖀字聲　出入隨命息
不見身與心
次錫杖。(一卷)　次心經。(日日増加)
次住法界定印　觀初三夕陽之西天現一分明朗
至三五薄暮之東天如明朗無礙滿月輪實(受者名)現心
月輪所願令成就。
次正念誦。　次月天咒(百遍)。　𑖌𑖼𑖓𑖽(セン)𑖟𑖿𑖨(タラ)𑖧(ヤ)𑖭𑖿𑖪𑖯𑖮𑖯

百三十 十五日精進大事

先向月輪護身法。如常。
次向月輪右頭指書[梵字]字三遍。
次法界定印。[梵字]字三遍口傳。
頌曰。出入隨命息　不見身與心　唱曰。
初三夕陽西天現一分明影以來至三五白暮東天如命明朗無礙圓滿某福智增進世出世冥加有給。
次正念誦。百遍。　[梵字][梵字][梵字][梵字][梵字]
次散念誦。千遍。　咒同前。　次舍利禮。增加有口傳畢。

百三十一 十五日行大事

先護身法。如常。
次引劍定印。　明曰。[梵字][梵字][梵字][梵字][梵字][梵字][梵字]
次法界定印。　[梵字]字三遍。有口傳。
頌文曰。
常於自心中　觀一[梵字]字聲　出入隨命息
不見身與心
初三夕陽西天現一分之明影以來至三五白暮東天如命明朗無礙圓滿。某福智增進。如意滿足。世出世之冥加有給。
次心經。三卷日日增加。　次舍利禮。增加。
次月天咒。百遍。　次祈念任意。已上

十五日行大事

先護身法。如常。　次彌陀定印。觀文曰。
常於自心中　觀一[梵字]字聲　出入隨命息
不見身與心　文
次念誦等。口傳。　次福智見現印月天明千遍
次搯念珠文曰。
初三夕陽西天從一分明朗現以降到三五薄暮夕陽十五圓滿如命無礙某甲命所願如意滿足給[梵字][梵字][梵字][梵字]唵急如律令

百三十二 月宮殿法 三日月付二通之內

智拳印。 若人求佛慧
外五貼印。 通達菩提心
內五貼印。 父母所生身
彌陀定印。 速證大覺位

不散定印唱文曰。

明王本誓着心見 不動賢愚現二童
魔障何窺盤石上 盡三千界火焰紅

次不動三種印明。 次降三世印明。大印大咒。順逆四處加持。
次四明。 次拍掌。 次慈救咒。百遍。
次所念任意。 次三部被甲等。

三日月拜見法 二通之內

先護身法。 次向月以劍印加持。二十一遍。
眞言慈救咒末加[梵字]
次以刀印月輪中書[梵字]三字。
次眞言百八遍誦之。 [梵字]

次慈救咒二十一遍。 次法施。諸經偈等。
心經三卷。 千手陀羅尼。 口傳云。[梵字]
[梵字]
次所念任意。 次三部被甲等。

百三十三 三日月待大事

先向月輪以劍印加持廿一遍 明。口傳。
同印 月輪內[梵字]二字一遍可書。
次同印 加持口傳者。劍印加持七處也。慈救咒末二
加[梵字]二字唱眞言曰。
[梵字] 一百遍
次慈救咒。廿一遍 次讀經 千手陀羅尼。廿三遍
又所作如以前。自餘之所作任意。云云

百三十四 十七夜待作法

先護身法 次向東方以風指[梵字]字三遍書之。
次彌陀定印。 明曰。[梵字]

次正念誦。千遍。　次法施。　心經。七卷。
次舍利禮。七遍。　次祈念任意。

百三十五　十七夜立待大事

先護身法。如常。
向東方次以風指〔梵字〕字三遍書之。
次萬招請印。眞言曰。〔梵字〕ソラソバテイエイソワカ
辯才天琵琶印事也。責拏印。捻右大頭地水火招
抑左五指置胸。
次正念誦。百遍。　呪日同前。　次舍利禮。七遍。口傳。
次錫杖。一卷。　次心經。三卷。
月出之時又如此可修。七月限奉待。
弘法大師入唐成就依此作法。云云

百三十六　十八夜待之大事

施無畏印。　其印擴右手右肩ヘソラス可屈大指。
光明眞言。　次八葉印。　〔梵字〕センダラヤソワカ

歸命月天子　本地大勢至　不捨善惡失
煩惱除消滅
我レ賴ム心ヲイカテ扶ケスハ
天カ下ニテ名ヲハ流サシ
ト祈念任意。云云

十八夜待作法　戌時向東方修之

先護身法。　次左右手作劍印左當腰。以右劍印向
月輪三書〔梵字〕字。
次梵篋印。　〔梵字〕字。三遍。
次心經。三卷。　次觀音經。三卷。
次月天咒。　〔梵字〕百遍。
〔梵字〕ナイシンメラアランジャキリ滿足〔梵字〕百遍。
口傳云 弘法大師御入唐之時。忽拜。依之一切御願成就
也。千金莫傳。可祕可祕。

百三十七　廿日待之大事

先護身法。如常。
次外五股印。[梵字] 三遍。
以二頭指拂惡魔七難可觀。云云
次內五股印。[梵字]
觀七福卽生之義以二頭指招。
次念誦畢。祈念任意。云云

百三十八 廿三夜待大事

先護身法。如常。
次外五股印明曰。外三度召。
歸命三曼多沒駄南七難卽滅一遍。
次內五股印。內三度召。[梵字]七福卽生。一遍。
金剛合掌。
歸命月天子　本地大勢至　爲度衆生故
普照四天下三遍。
次舎利禮。七遍。

二十三夜待作法

先護身法。
次持華印。左拳安腰。右大頭端相合。餘三指直伸。
明曰。[梵字]一云。[梵字]
次金剛合掌。
歸命月天子　本地大勢至　爲度衆生故
普照四天下
次舎利禮。七遍。
右祈念任意。

百三十九 通用月待大事 用七夜待

先戌時向東方行之。
先護身法。如常。
次向月輪[梵字]字三度書之。以右手頭指書之。餘指大指捻之。左手拳安腰。
次智拳印。　文云。我見自心形如月輪矣。次禮文曰。
若入月輪人　自見大勢至　假使見不動
皆得不敬愛　一稱一禮者　滅於貪瞋癡
深熱得消淨　臨終住正念
次祕密印。捻右手大頭散開餘三指。左手拳安腰。　明曰。

[梵字]（センタンマ）某中成就三遍。

已上畢。

百四十 七七夜待之大事

十七夜　正觀音印。內縛立二右大指一不レ付二頭指一

[梵字]

十八夜　千手印。　八葉。

[梵字]

十九日　馬頭印。二手虛合屈二二風二水一入二掌內一不レ付二二大二風一

[梵字]

二十日　十一面印。　金剛合掌深交。

[梵字]

廿一日　准胝印。內縛二中指立合。二頭指付二中上節一立開二大一付二二頭側一

[梵字]シャレイソレイジュンテイソワカ

廿二日　如意輪印。外縛二中蓮葉二風寶形。

[梵字]ハンントメイシンタマニジンハラウン

廿三夜　勢至印。　未敷蓮華印。

[梵字]

所作。　觀音經一卷。　其夜本尊咒百遍。

月天子咒百遍。　祈念可レ任レ意云云

七夜待作法 自二十七夜一至二二十三夜一

先護身法。

次外五股印。　[梵字]　七難卽滅。三遍。

次內五股印。　[梵字]　七福卽生。三遍。

次左手拳安レ腰。以二右中指一月輪中ニ[梵字]字三遍書レ之。

次[梵字]字千遍誦レ之。　次彌陀定印。　[梵字]三遍。

次開二兩手一觀二胸中ニ有一レ如意寶珠可二我身ニ招キ納ム一。

次當尊印明結誦。　次每夜當尊咒百遍幷勢至咒百遍誦レ之。　以上祈念任意。

異云。奉レ修二此法一者ハ三月內ニ所願成就無レ疑。

百四十一 七夜本尊之事

第一夜　十七夜千手。　八葉印。

口云。觀二八葉上有一寶珠。
バザラタラマキリク
第二夜　十八夜觀音。
內縛右大指直立。勿レ着二頭指一。
アロリキャ
第三夜　十九夜馬頭。
二手合掌。二頭二無名屈入レ掌合レ甲。二大並微屈。
アミリトドハンバウンハッタ
勿レ着二頭指一。大頭間如二口形一。
第四夜　二十夜十一面。
金剛合掌。深交置二頂上一。口傳
マカキャロニキャ
第五夜　二十一夜准胝。
外縛。二風二大並立。
シャレイソレイソンデイ
第六夜　二十二夜如意輪。
外縛立合二頭指一。感二中節一寶形。二大二無名立合。

二小以レ右押レ左立交。
メラダハンドメイウン
第七夜　二十三夜勢至。
蓮華合掌。二小開立。勿レ着。
サンザンザンサクソワカ

百四十二　廿四夜待大事　居待之大事
於二每月廿四日夜半一。或云二二十三日一也。
先清レ身。次清レ衣。夜半二月出時一向レ月。護身法。如レ常。
次金剛合掌。　ニチャウンケム　三遍。
次東方加持咒。　三遍。
次觀音經。三卷。　次心經。七卷。
次月天咒。一千遍　次十一面咒。百遍。或千遍。
次月天咒。百遍。或千遍。　次一字金輪咒。百遍。
右此大事空海每月廿三夜勤行也。此尤不レ可二露顯一
千金莫レ傳。
年號　月　日

百四十三　廿六夜待之大事

先護身法。　次向月輪以頭指[梵字]字三遍書之。

次内縛以二大指三遍來去。明愛染之咒用之。

次内縛立合二中指[梵字]一遍。　次立合二小指[梵字]字一遍。　次立右風指[梵字]字一遍。　次立左風指[梵字]字一遍。　次立二空[梵字]字一遍。　次内五貼印以二空三遍來去。眞言同前。三度撥遣。是貪瞋癡三毒則三解脱也。

右此大事從相應經出也。可祕。祈念任心也。

百四十四　庚申待之大事

先護身法。　次向辰巳三禮。

次以[梵字][梵字][梵字]三字加持足心頂。　次心經。七卷。

次帝釋天中咒。千遍。　[梵字]因捺羅耶娑婆賀

次觀音經。一卷。　次又如前以三字加持三處[梵字][梵字][梵字]。

次此加持終又三禮可有之。

庚申待之大事

先護身法。如常。

次無所不至印。　[梵字]形信禮[梵字]米他利[梵字]娑婆賀。

次右手申五指當面左拳安腰。

[梵字]帝波藥叉盤陀阿娑婆賀

歌曰

尙迦羅耶亥子野申子乃我加床

寤留曾子ヌ曾寢ヌ曾寤留曾ノ口

本尊種子配當事

丑時本尊　正[梵字]五　寅時彌陀　[梵字]六　卯時觀音　[梵字]一　戌時文殊　[梵字]二　亥時藥師　[梵字]三　子時釋迦　[梵字]四　青面金剛

百四十五　霜月二十六夜待作法

先護身法。　次向月輪以頭指三書[梵字]字。

次内縛二大三度來去。　愛染明王大咒。三遍。

次内縛二中立合。[梵字]　次二小立合。[梵字]

次立右風。[梵字]　次立左風。[梵字]

次二大立合。[梵字]

卽內五股印。以二大三度來去。明如前。口傳小咒。
次同印以左右風空三度撥遣。是放却貪瞋癡三毒意也。但三毒卽三解脫也。明如前。
次法施。　心經。百遍。　愛染大咒。千遍。　中咒。千遍
小咒。千遍。　月天咒。三千遍。

百四十六　除夜心經會作法　節分會作法

九條錫杖。一卷。　心經。七卷。
本山大衆故如此。於他所其年日數可誦之。
藥師咒。七遍。　般若菩薩咒。　毗沙門天咒。
南無當年星。七遍。　南無本命星。七遍。　南無元辰星。七遍。
荒神咒。　一字金輪咒。七遍。
私云。右根來寺節分會作法也。

修驗深祕行法符咒集卷第五

百四十七　堂棟之札

弘法大師御作

對　寺號　對

聖主天中天　大檀那　大梵王大檀那某對
迦陵頻伽聲　年號日付　大工名字可書
哀愍衆生者
我等今敬禮　勸進者　帝釋天王勸進某對者

東西棟頭打東。北南棟南打頭。
裏　一切日皆善　一切宿皆賢　諸佛皆威德
羅漢皆斷漏　以斯誠實言　願我常吉祥
此大唐青龍寺本堂棟札。弘法大師從慧果有御所望時如此被遊打給云云
年號　月　日授之

百四十八　龍伏事　柱立次第

春　南腹未中　北背丑刁　東足辰己　西頭戌亥

夏北（丑腹刁）　南（未背申）　西（戌足亥）　東（辰頭巳）
秋東（辰腹巳）　西（戌背亥）　北（丑足刁）　南（未頭申）
冬西（戌腹亥）　東（辰背巳）　南（未足申）　北（丑頭刁）
已上以性盛法印御本令書寫畢

百四十九　古佛修覆時撥遣法

香華燈明等供之。　表白。　取念珠香爐金二丁。
敬白此尊像而言。倩以往昔先德從供養開眼以來。具足三身萬德之妙用施與利益衆生之巨益。然頗及破損依之今欲加修覆。暫奉送法性果位。重應奉勸請。唯願本尊還着本位。
佛菩薩部八葉。　印言キヤマラ [梵字]
明王部。　六葉。　歸命 [梵字]
天等。　四葉。　[梵字]
次彈指。三度。　[梵字]（バンラナキヤウヅク）一云。[梵字]

百五十　古佛修覆了勸請表白

先供香華燈明等。　表白。　取念珠香爐金二丁。
敬白此尊像而言。修覆之間暫雖奉送法性本宮。今茲勸請奉修開眼供養。蜀江之錦隨洗增色。諸佛之體隨應施益。伏願納受弟子法施降臨影向。
置念珠香呂。
大鈎召印明。本尊眞言入句。　次四攝印明。
爲奉開青蓮慈悲御眼具足五眼。
佛眼眞言。金一丁。　佛眼印明結誦之。
爲奉令圓滿獲得五智四身功德。
大日眞言。金一丁。　外五股印。　[梵字]
三身印明。　可結誦之。
次法施等可隨意作之。

百五十一　鑄佛作法

先登禮盤三禮唄用之。鎮家
[梵字]　是八方天也
次鑄物師。　[梵字]ソワカ

次授三歸五戒。其後可奉佛鑰。其間念誦等准御衣木加持。云云

百五十二 御衣木加持作法 院中作法

蒙請事兼日或當日刻限奉隨奉行催參上。於御佛被始所伺御所便宜着座。裝束鈍色甲袈裟或五條香爐箱具之。先之佛師御衣木幷舖設莚等。於其間事者一向佛師沙汰也。御導師不可入口歟。

机。一脚。　火舍華瓶。一口。　洒水幷散杖。

塗香器。　磬。　半疊。一枚。

已上皆本處設之。兼日不及支度。

次佛師等當導師右方敷清莚。其上奉置御衣木。其時尋問木本末於佛師。以木末當導師右方令臥置之。必不誤本末。以木末爲首。

次導師立座進寄取香爐。　三禮。　着座。

淨三業。　三部。　被甲。

次加持香水。　先洒御衣木。　次施主。　次自身。

次佛師各三度洒之。

次取獨股加持木。　不動降三世各二十一遍。

次金。二丁。　啓白。　神分。　祈願等。

其詞取要存略。不可委細。但可隨事歟。

次召佛師授塗香令塗手腕。　次授三昧耶印明。

佛師必着淨衣。若授八齋戒時可略印明歟。是顯密異故。重授祕密印明則可丁寧歟。用否可任意。云云

印。　普賢三昧耶印。　外縛二中立合。

明。　[梵字] 三遍。

次佛師染筆繪佛像。

次取鑿槌始作之。次又取斧作之。此間導師先結定印。御衣木中觀本尊種子幷三形尊形等。

次結本尊印誦眞言。其後不限遍數本尊眞言念誦之。

次佛師以斧三度打之。作法畢後退出。

次導師退下。　次有御布施。

其後退出了。

圖

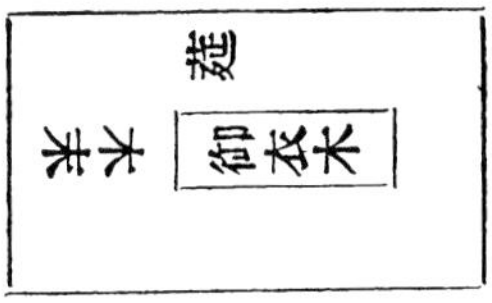

佛大時ハ麁三四枚要之

磬臺

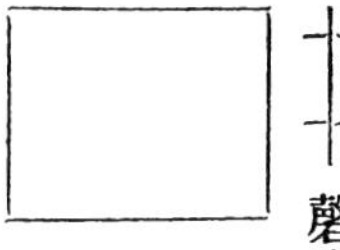

無閼伽佛供燈明

表白。押紙云

敬白。眞言教主大日如來。兩部界會諸尊聖衆。外金剛部護法天等。總盡空法界一切三寶驚言。夫以造立佛像功德成佛得果要門。大悲利生妙行也。依之課巧匠以刻端嚴之尊容。彫金銀將瑩法身妙體。昔于塡王刻釋尊生身之像。毗首羯磨之斧音徹上天之聽。今大法主顯大日法身之相。感應道交之新響驚滿空之尊。若然貴體無恙遙保金剛之慧命。先考先妣早列蓮臺聖衆。乃至法界平等利益。敬白。

百五十三 新佛開眼作法 但三身印言極祕也

法身 𑖀𑖪𑖽𑖨𑖽𑖮𑖽𑖏𑖽 空風相捻。

報身 𑖀𑖪𑖰𑖨𑖮𑖳𑖽𑖏𑖽 左右空火相捻。二手相去三寸。開餘指。

化身 𑖀𑖨𑖢𑖓𑖡 空水相捻。 以上覺記。

百五十四 開眼之大事

先護身法。如常。

次五眼印 [illegible] 五遍。

次外五胋印 𑖀𑖪𑖰𑖨𑖮𑖳𑖽𑖏𑖽 五遍。

次無所不至印 𑖌𑖼𑖪𑖕𑖿𑖨𑖠𑖯𑖝𑖲𑖪𑖽 五遍。

開眼作法

佛眼印言。五遍。

外五股印。 〔梵字〕

法身塔印。 無所不至。 〔梵字〕三遍。

報身塔印。開二風二二火二空相捻。 〔梵字〕

應身塔印。開二二火二風二水二空相捻。 〔梵字〕

百五十五 五眼印之事

佛眼。二小指間。 法眼。右頭指中指間。

慧眼。左頭指中指間。 天眼。二中指間。

肉眼。二大指間。

右五眼配當有多義中一所傳也。

百五十六 開眼口決之事

青龍義軌上云。五眼事。肉眼見一切色。天眼見一切法如實相。佛眼見十方。出華嚴五十七也。云云

或傳云。五眼事。除迷心為肉眼。一切衆生皆見有佛性起隣愍之心為天眼。癡心不生為慧眼。云云 除着法為法眼。細惑永盡圓明遍照為佛眼。云云 溺汎子云。傳法覺者依巧近功具十界。其寫十界各上造何處也。

自性眞實曼荼不叶迷人為令知自性善知識隨巧近功模寫開眼供養也。

了本仰云。一迷未斷取凡夫所具智取文殊悲令造觀音也。但又開所具智人寫遍眞智色相故覺智則文殊心得其任造也。造十界事如此也。溺汎子云。開眼供養意如何。答。了仰云。就開眼有三義。所造佛菩薩無始無終我心分一字一息一法界遍有。故引結所見也。天上日直落水性。彼性六大法身也。去間文殊可開眼六大智也。譬天上日輪下如在水中。開眼是離能所持六大無礙法爾無作開眼。是繪木等上本來具足有智悲。譬如凡夫所具智悲。日輪不下〔梵字〕水不上也。唯天上日輪光用眞言不思議加持勢力也。彼依加持引出水性所本來具足火也。加持力用

不有日輪不可出水中火無加持力如何莫甚深開眼義是三但加持甚深也能可凶災難日輪光用風吹虛空則引出水性火事無之見第三義祕中祕也第三義專可用一溺派子云十界輪圓也然寫六大如何眞實叶了本仰云六大約密號名義類性曼荼羅聖衆也約佛智見凡夫從本等流身也故挫實化權化依意得彼寫時如何不叶眞實乎ム云付六大普遍依存第六識大德一義直令吐識大作用開眼也又依直存非情識大一義滅相開眼增相意也宗義傳也可祕云云

百五十七 戸帳文之事

諸佛救世者　住於大神通　爲說衆生故
現無量神力矣

年號　月　日　　願主敬白

百五十八 於大壇曳金胎糸事

三寶院方灌頂初金後胎也先曳金糸本尊向東方行者向西然行者右前角當艮先自艮立始橛次立巽坤乾也次糸端爲輪懸艮橛寶形所卷巽橛末取行上也坤乾亦如此又至艮前輪上一卷取其サテ新紙如折紙裏文卷如押當橛紙捻二廻爲上結也金糸如此也

一胎本尊西向行者向東此時本尊右角行者左壇先角當艮他其角橛懸捻紙糸輪至巽角橛一卷糸末取下也坤乾亦如是又至艮以前輪上一卷取糸下裏新紙事如金以上胎糸畢

右二壇各別糸曳樣也諸流共金胎糸曳樣如此假令三寶院方初金後胎餘流換初胎後金也

一一壇引分兩部糸事（灌頂時事也）

先三寶院初金後胎故金向西自艮始巽坤二本橛曳上轉也又自乾下轉下取糸至艮本輪上下卷糸納下轉也然者上轉金下轉胎也　三寶院方如此

以上

一壇曳兩部糸事

一中安西等初胎後金故初夜胎向東也。其時本尊前右角行者左先角當艮。自其懸糸引時。巽坤二本引下轉。自乾引上轉。至本艮輪上一卷時上轉納也。已上初胎後金一壇行糸引樣也。

一大壇者又名華形壇。

右大壇引置年中絲事引工胎卜金也。諸流共一工胎者甲丙戊庚壬年也。此自胎始也。然間艮巽二本引下轉也。坤乾二本上轉也。

一卜金者乙丁己辛癸年也。此自金始也。然間艮巽二本上轉也。坤乾二本引下轉也。已上其年暮十二月晦日曳置來年絲事如此。

一護摩壇絲諸流共自上轉始。鳥居左柱引下轉也。先自艮鳥居柱迨上轉也。引其柱三寶院方七五不同。柱卷始卷終數不入也。加中七始終九也。中院方引七五三也。七五如上。三者加中三始終五也。安祥寺方引九七五也。

一五壇時中壇九餘壇七也。中七餘五也。

一絲事。胎左金右不同也云人有之。大誤也。金胎共左引也。

一北向壇 本尊向南

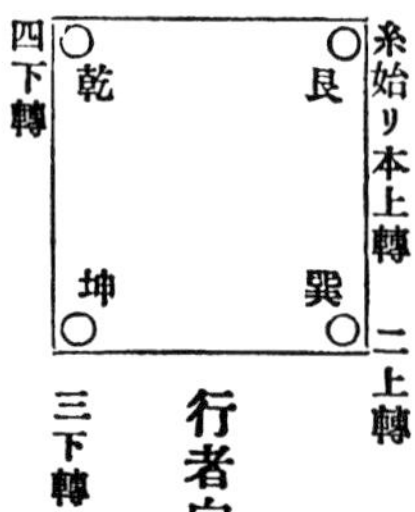

行者向北

一東向壇 本尊有西

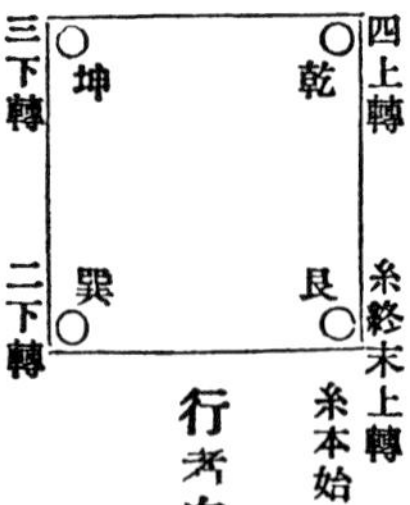

行者向西

一西向壇 本尊有東

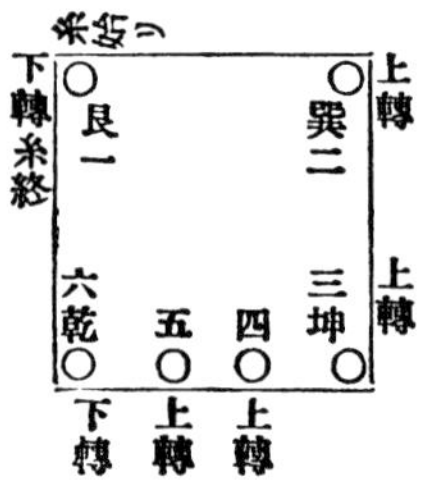

一ム云。引絲時先立。槪時自丑刀角降三世始順四大明王咒立也。立始時。
先護身法。　次地結印明。　次五色界道印明。
或大金剛輪印明。或外五貼也。
竝立右羽五指向外明曰。（梵字 アラ ラン キャ マ カ）
次引絲也。中間（梵字）字又慈救咒引之。
ム云。五色界道者外縛五貼印。　歸命

百五十九 糸引事 醍醐覗聽分

金剛界上轉成。故卷槪時糸取上方。胎藏界下轉成。故以前糸取下也。
一總引糸三樣。二如上。一義辰巳角如金引。未申胎引。戌亥金引。丑刀胎引。一常一壇立時。糸引樣五色。佛供。造華。何胎藏如口傳。
一檀灌頂曼荼羅供常住壇等悉皆方分也。如金剛界用。習有歟。理性院習此分也。
一結緣灌頂時胎藏行如胎藏。金剛界行如金剛界。

是一壇行時事也。二壇行不及是非事也。以上覗聽記。云云

百六十 五色線曳略作法

先護身法。如常。　略云。大金剛印同明。
次地結印明。　次四方結印明。　次大日印明。
次佛眼印明。　次不動印明。　次愛染印明。
加持引之引次第如常。

百六十一 鳥居五色卷付事

隆源僧正御記云。鳥居頭五六分計下迄左右引渡也。凡引五色樣等自丑刁槪次第引廻之。壇何方向。五色糸可隨方問云。糸作法印明如何。答云。報恩院源雅僧正并深應僧正仰云。綟糸時總別加持等既畢。何重用加持耶。當流習此迄也。云云
隆源僧正御記云。一鳥居之頭或寶形或ヤハズニモスル也。直切樣也。末少大本聊細也。

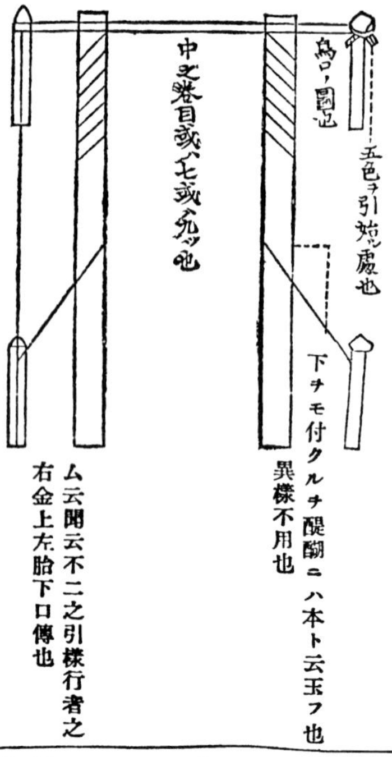

百六十二　爐壇寸法之事　盡深方

第一外緣高行者指頭中名小量。廣頭中名三指量也。第二重最上緣厚頭中二指量。同最上廣一寸七分也。第三重爐內小緣廣一寸一分。第四重九寸四分也。

中性院護摩壇寸法之事　壇廣四尺二寸。鳥居橛間五寸。脇机長一尺八寸。橛燈臺間五寸。自爐外間至壇端一尺二寸五分。壇足長九寸。火箸長九寸八分。爐口廣九寸四分。土內八寸事。中緣一寸一分。外緣七分也。

口云。爐緣厚行者手指分除大指也。外緣緣廣頭中名三指量也。

百六十三　爐之大事

胸書無點孔字一。次握兩手大指[illegible][illegible][illegible]。其後叅三遍カム也。チャクチャクチャク口傳

次八祖。　龍三智梵金念珠不外縛善頭一內縛慧童子弘五

百六十四　幣串之大事　本ハ椙ヲ用ユ

一尺八寸口云十八界。　荒神祭時用之。

二尺八寸廿八宿。　地鎮時用之。

一尺六寸十六生。　諸神勸請時。

一尺五寸　十五童子拔時用之。

二尺一寸（十二因縁。拔）　神道小幣用之。
五尺二寸（五佛具足拂）　神道大幣用之。
右口傳隨分祕事也。

百六十五　香華等辨備次第

或抄云。先立燈　次盛米。（入置佛供箱以杓盛之。）　次盛香
次備閼伽等。云云　灑華皿事。（或云。重六器上器入水。其水移下器。其中廻上灑之。）
（又其水入其下器廻灑之。六器皆如此。次二度目入水廻上一灑。三度目一不廻漱之。此事今度源仁奉問處也。）
仰云。承仕閼伽折敷重六器至閼伽棚灑三度。折敷
六器竝二通
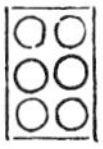
前方之二分一入水。華二葉重
從中折末二入閼伽器內。入本二塗香器。次華鬘器
房華四房宛盛之也。閼伽塗香華入器中也。立懸緣
惡也。華鬘房華四房共葉尖共竝本尊方也。或者一
房宛盛四方也。次塗香器上少散入香也。但承仕右
實華折目付香入器也。故閼伽棚小土器入置香盛
華。次指香也。然乍折敷持參佛前。先前供方閼伽塗
香華次第。次後供亦如此次第置之也。但如此義皆
以承仕所役故。委不存被仰。云云
自行時自備華。其様如何。答。仰云。自行時二度灑。三
度目乍灑器二竝。各入水如前次第竝也。其後華二
葉重從正中折。末方入閼伽器。本方持左以右手入
塗香器也。前閼伽器上各重入本方也。次華鬘器重
塗香器上房華四房宛盛之。然先前供方据閼伽塗
香華鬘。後供亦然也。其後塗香器入香也。云云　樒四
葉宛盛樒難得時略義也。本寺無之。又閼伽塗香一
葉宛盛事非本義也。或抄云。洗器畢。前供方据華塗
閼上水半分入閼伽器。後供亦据華塗閼水入其儘
定閼伽器。然盛華也。云云

百六十六　神樂大事

無所不至印。[illegible]
次前印放頭指付中指。明曰。[illegible]
次前印放二中指付水指。明曰。[illegible]
已上

百六十七　御供大事

先護身法。如ㇾ常。

次小三貼印順逆七遍。[梵字]

金剛合掌。只今奉ル供御供雖ㇾ爲ニ疎味少ㇾ爲ニ甘露妙藥一早早急ニ服シ玉ヘ。

火ヲ撰ヒ水ヲ清ムル御ツキ物
風ニ任テ供ヘテソ置ク

百六十八　散供大事

八葉印。　南無自在心壇　內護摩道場

哥云。

此米ヲ蒔度每ニ神神ノ
和光ノ利益彌也增リケリ

百六十九　佛供加持作法 備ニ佛前ニ

先護身法。如ㇾ常。　次加持。小三貼印。軍荼利眞言。七遍。

[梵字] 金一丁。

次普供養印。金合二頭寶形。二七日

唵阿謨去引。迦布惹日引攞。摩捉尼禮反。跛納摩縛日羅二合。怛他蘖多尾路枳帝三滿多鉢羅二合。薩羅吽

年　月　日

次鉢印以テ[梵字]字ヲ可ㇾ供。金三丁。摺ニ念珠ヲ祈念ス。

百七十　御精進供次第

先三禮。　次着座。　次塗香。　次淨三業。　次三部。

次被甲護身。　次灑水[梵字]如ㇾ常。

次加持供物。　小三貼印。　枳里枳里咒。

次取ニ香呂ヲ金二丁。　次置ニ珠呂ヲ合掌シ

至心發願　兩部界會　心王心數　本朝高祖
遍照金剛　三國傳燈　諸大祖師　密教守護
四所權現　王子眷屬　勸請諸神　還念本誓
降臨道場　所設妙供　哀愍納受　護持弟子
悉地圓滿　寺內安穩　興隆佛法　乃以法界
平等利益

次五大願。　次普供養。　印明。
次三力偈。　次印明。有レ口。
次念誦。　兩部。慈氏。寶號等。或兩部千手辯財天。諸
神。心經等
次念誦祈願。　次取二香呂一金。一丁。　次退下。
慈氏菩薩眞言曰。
[梵字]

大師御精進供作法 東寺云二生身供一

護身法。　金。二丁。　加持供物
口云。三貼印軍荼利咒ニテ [梵字]
次普供養印明。　三力偈。
次大虛空藏印明。　二中外叉二風寶形。
[梵字]（ギャ ギャ ナウ サン ハン メ メ ザラ コク）
次五大願。　次灌頂印明。　次理趣經偈。
次寶號。　次祈願。　金。一丁。

百七十一 汲二閼伽一時作法

小野表云 三貼印ニテ　誦ニ[梵字]七遍。或廿一遍。或百遍。
次發願云。　至心發願　唯願水天
我與此水　悉地成就　唱レ之汲也。
或誦ニ[梵字]（ハン バ タ アイト）汲レ之。可レ祕。穴賢穴賢。

百七十二 灑水之大事 水器入時也 灌頂人授レ之

獨貼印。　外縛二中指立合。　眞言曰。
[梵字]
次外縛立合二頭指一　眞言曰。
[梵字]
次外縛二中二頭寶形。ニメ　眞言曰。
[梵字]

季　月　日　　名

百七十三 茶湯之文

敬テ以テ是茶湯一普獻シテ於三寶十方一別供ス今日聖靈一味得テ成佛。

又下捨茶湯時文。口傳

一切餓鬼　施與殘水　速離鬼惱　皆入佛果

又云。

一字祕密　隨念靈來　九界幽鬼　茶湯飽滿

百七十四　常途散杖作樣

散杖深祕普通。此散杖大事

師資祕事。未灌頂者不得見聞。梅柳或桑。

師云。寸法且依大小也。

覺鑁上人云。一尺八寸。云云　又說。一尺五寸。一尺六寸。一尺八寸也。

右口傳云。用香木。本獨胋形。末三層可作蓮華形。云云

此三層蓮華者天竺無熱池也。委細見義釋。

求聞持杖事。百个日乃至五十日間所用散杖。梅指東枝。又桑作之。是刀不切手折如是可作。後刀頭首寶珠形尾頭作寶珠。其中如意虛空藏種子[梵字]字同刀頭可書。左右耳種子各[梵字]字可書。又左右眼種子右[梵字]字左[梵字]字可書。鼻種子書[梵字]字。如此刀頭皆書畢。後結誦佛眼大日印言可開眼。總散杖總體可觀龍形。卽結誦大龍王印言。內縛立合二風並立二火。是龍王水印也。眞言曰。[梵字]

總散杖龍王令相承。然佛性種子五體身分可觀。布五大虛空藏也。

露地時散杖合日月蝕行時攪蘇乳散杖事

數通時。散杖不露地時。以新桑木或穀木可作。但日來散杖太可作長一肘方量也。是散杖不剝皮說有之。是爲手折也。指東方枝又指南方枝也。刻三層八葉蓮如意寶珠可作。

授與宥賢

傳授大阿闍梨位權少僧都海傳

散杖作三層八葉蓮華。義釋云。昔天竺瑠璃王宮有釋女等同時頓死。釋迦至無熱池取蓮華裏八功德

水灑之。諸女忽身心安樂。然命終生天。女依投華終成種。至今有之。華徑一尺餘。有無可愛。取意。

百七十五 通用散杖之切樣事

東ニ出タル梅ノ枝ヲ取テケツリ。先ヅ護身法[梵字]。各二十一遍。其後自末八刀。次於六寸八刀。次於六寸又八刀。次又於六寸八刀キザミテ。次又於六寸八刀ソギテノクル。合テ三六寸也。長短者用否任意。無熱池三層ハ以八葉之蓮華自身及一切衆生之菩提心大地灑清淨水可觀也。云云

百七十六 削散杖口傳之事

長ハ隨壇不定。大都ハ一尺六寸。又ハ一尺八寸。末ハ八葉也。二寸宛置テ二所ニ八刀宛當ル也。本ハ四方ヨリソギテ。ソロヘル也。護摩ノ漱口灑淨ノ散杖ノ不同ノ事ハ切樣同シ事也。但恐混亂シルシヲ削ル事アリ。本ヲ手一ツソク程八角ニスル樣モ有リ。又漱口ノ散杖ヲ本口一刀落シテ置ク樣トノ兩説アル也。又不簡別通メ用ルト云フ説モアレモ。ソレハ惡キ事也。其故ハ二本用意スル故。云云

私云。刀目ヲ八ツ當ル事三所ト云説有之也。雖然於祖師記不見之。但端シノ切揃ユルト合メ三所ト云事歟。以上寶性院成雄御自筆賜覺遲寫分如是也。

一散杖ハ柳ノ枝又ハ梅ノ梢也。大壇ノ散杖ハ一尺六寸。護摩壇ノ散杖ハ一尺八寸。五瓶ノ散杖ハ一尺二寸。是ハ中院。投華ノ散杖ハ二尺一寸也。

一義云。先ツ本ヲ一刀切リ留ルト。末ヲ八葉ニ切ルトハ。胎藏ノ八葉九尊表之。云云 次ニ本ノ四刀切ルト。末ノ一刀キルトハ。金剛界ノ五佛表之。云云

深祕相傳也。是散杖付一文習也。意可有口傳也。

次散杖加持事

先於壇上小三貼印軍荼利明。七遍。

次結三瓣寶珠印。言曰。[梵字]

次佛眼印言。　次兩部印言。
外五貼。胎五字智拳印。金羯磨咒。

百七十七　伐護摩乳木事

三春内甲子日木伐護摩木ニスルヿ　ロイアリ

百七十八　鰐口大事

護身法。　又仰印以眞言曰。
〔梵字〕七難卽滅
念誦シ二可打也。
次下向合掌文曰。
諸佛救世者　住於大神通　爲悅衆生故
現無量神力
ト唱テ七禍卽生ト念誦シ三可打也。

百七十九　神祇通用之祭立

上酒御供香華弘法大師御作。

先護身法。　次錫杖。
敬白天神地神言。夫有體者含心識。有心者皆具佛性。佛性遍法界不二。自身他身全一如平等。謂天曰地眞佛之總體也。謂内曰外妄心別執也。悟之者常遊五智臺。迷之者常沈三途土泥。大悲大日如來獨鑒三昧證。見六趣塗炭。故諸神等是大日如來化現爲衆生濟度垂迹萬方令施化六道。爰以神爲人父母。人爲神子孫。神獨不尊。待人法施增威光。人獨不樂蒙神擁護成悉地。故乾坤雖遙奉運於步如影隨形神靈雖隱致於信如響應聲。爾而護持弟子施主任意致祈念成所望于意樂内令拂諸災于未念外。誇陶朱猗頓之榮。乃至法界平等利益。敬白。
次心經。三卷。　次諸神眞言。〔梵字〕
每月之法施以上了。

百八十　卷數書樣

不動明王護摩供卷數

奉供

護摩供　二十一箇度

諸神供　三箇度

奉念

佛眼眞言　五百遍

大日眞言　二千一百遍

本尊火界咒　五百遍

同慈救咒　二萬一千遍

同一字咒　二千一百遍

降三世眞言　二千一百遍

軍荼利眞言　二千一百遍

大威德眞言　二千一百遍

金剛夜叉眞言　二千一百遍

大金剛輪眞言　一百五十遍

一字金輪眞言　二千一百遍

右奉レ爲二護持施主息災延命御武運長久國內安穩諸人快樂一一御願成就圓滿一一七箇日之間抽二無二之丹誠一奉二懇祈所一如レ件

年號　月　日　阿闍梨某甲

百八十一　袈裟加持

善哉解脫服　無相福田衣　我等衆生者

世世當得被

百八十二　三衣加持

五條　內五股印。　七條　智拳印。

九條　無所不至。

百八十三　衣加持

爲着淨衣　當願衆生　得淸淨者　受持佛法

結二三貼印一。七遍。

百八十四　三衣一鉢法

五胋印　（梵字）五條胎安陀衣
無所不至印（梵字）九條蘇悉地僧伽梨衣
智拳印　（梵字）七條金剛多羅僧衣
釋迦鉢印　如胎藏ノ明　歸命（梵字）
先師誡（イマシメ）云。不レ持三衣一鉢ヲ者雖レ行ズト諸法ヲ依レ無キニ戒行不レ可レ成ズ悉地ヲ。文

百八十五　着ル袈裟衣ヲ偈

大哉解脱服　無相福田衣　被奉如戒形
廣度諸衆生矣

百八十六　着ル袈裟衣ヲ大事

先取レ衣ヲ右手ノ小三胋ニ咭哩咭哩ノ咒三遍加持ス。
同印ニテ　アミリテイウムハッタ三遍。
次着レ衣ヲ次珠數ト袈裟トヲ持シ左手ノ右三胋印ニテ加持ス。
（梵字）三遍。
次無所不至印ニテ（梵字）五

次外五胋印ニテ　（梵字）九　爰有リロイ。
次八葉印ニテ　（梵字）。次掛ケ（梵字）也。七
智拳印眞言曰。

百八十七　袈裟書入大事

（梵字）
（梵字）
（梵字）　內縛立テ合ス二中ヲ初節鈎形ニ二頭二小開立　入レ二大內ニ交ヘ入ル二無名內ニ甲合ス二大甲ヲ。　（梵字）
（梵字）。

以上書キ入ル袈裟ニ也畢。

百八十八　柴洗手法　大師御傳

以テ右手ヲ取リ草木葉ヲ入テ合掌中ニ押シ振（シヤウ）ジテ之ヲ誦シテ咒ヲ曰。
（梵字）（ヒシテイ）（梵字）
亦持テ草木葉ヲ洗フ口ヲ眞言曰。（梵字）（キヤラホ）（梵字）

百八十九　洗ヒ手ヲ漱ギ口ヲ洗フ面目ヲ作法

高雄口云。先觀二手定慧。左定右慧。十指十法界十波羅蜜也。卽念洗淨手足。

次洗口時以右手大頭入口左右磨洗。卽誦金剛喜呪曰。〔梵字〕（バザラサドサク）

以此眞言洗口其口清淨。所出言音和雅。令人樂聞。出言時人皆歡喜讚歎。云云

次洗目時以佛眼眞言加持洗之。但用佛眼小呪。〔梵字〕（ナウマクサンマンダボダナンセンダバロサンナ）

以此眞言加持水洗目眼無病。所見分明。遂得見十方諸尊。

次洗面時以金剛咲眞言加持水洗之。呪曰。〔梵字〕（バザラカサカク）

以此眞言加持水洗面其面爲清潔鮮白。

百九十　行水之大事

金剛合掌。

如來同智　明王智水　身內身外

正理清淨矣　以本清淨水　洗浴無垢身　不捨本誓故

證誠我承事　自心無垢　內外清淨矣　畢

百九十一　典鑰法

唄發音之程。進神前役鑰開扉褰簾等畢。而復本座。

作法有別記口傳等。

此序取三寸洗米之四方奉備神前。

捧幣

表白神下之終頭起座。先採御幣而奉捧神前。次採祓幣而到便宜所。奉祝詞三進三退等作法有之。畢。而返置祓幣於本所復座。　以上

百九十二　眞言宗四箇處本寺

醍醐寺。　小野從洛中辰巳歟。

仁和寺　廣澤從洛中西歟。

醍醐三流　三寶院　理性院　金剛王院
小野三流　安祥寺　勸修寺　隨心院
仁和寺三流　御流　西院　保壽院
廣澤三流　傳法院　忍辱山　華藏院

百九十三百二十五箇餘之内一字二字三字之

祕事

法報應
彌觀勢　御 トリツク モトツク ココロエタリ
釋普文
日星月　人
天人地
運命福　發 チコス マウケル フシキ
諸佛菩薩奉　右長 サトリ イテタツ コレマテ イカル
ハタホコ サシムク ホリタツル
左短 トクエル ココチヨシ ウマ〱シ スミツ
タイラカ チサム カカエル タモツ ココロヨシ
シタシシ アイキヤウ タココリツツクル アソル タツトム
ウワツミ ミソムル ウマルル イタタキ

如レ是集ニ誦メ多ニ字一觀念觀法ノ文字チ凡ニ念イ成ス書クコト不レ覺也。就レ

中墨ノ次事交ニ半眞半行半草一不レ可レ書。何ノ點墨マテモ不レ薄樣ニ可レ書。踈ニ思ン輩ハ殺ニ諸佛菩薩一墮ニ罪阿鼻獄一。是ノ以法末ニ養ニ三世一。沙門不レ辨レ之。不レ當ニ食ハ爲ニ熱鐵一。着衣以レ懸ニ畜類皮一。背レ道諸天三寶可レ有レ惡。

一讀誦　一轉讀　一書寫　一立願
一參詣　一參籠　一行法　一千度

右添ニ此等二字一云ニ五字一書樣ト同レ前。墨色チモ同レ前。此外不レ可レ有レ之。

一篇チ作チ書ニ眞一下ノ字チ書ニ行草一チモチモ不レ覺也。
一切トテ凶也。殊篇書ニ作ク一行ニ書ニ眞抔努努不レ可レ有。云ニ圖字一ト也。末ノ意趣ハ責テ不レ苦。夫大願公抔末迄眞ニ可レ書。墨付同。

墨付ロイ。

一眞ノスミ　一行ノスミ　一草ノスミ
一眞行ノスミ　一草行ノスミ　一眞草ノスミ
一草眞ノスミ　一草行ノスミ　一草草ノスミ
一眞眞ノスミ　一行行ノスミ

右條條可レ有ニ口傳一

奉ソナヘル チソソルル タテマツル サユハイ イタタク チカム ナルカセ　奉　奉

修驗深祕行法符咒集卷第六

百九十四　陳拂法兵法番大事

皆　陳　烈　先九字印ヲ上同當ル也。船モ
兵　闘　前　車モ龍モ馬モ平地モ如思通
臨　者　在　ル也。設ヒ敵人送モ更不被送。

九字裏書曰。臨ト者混沌未分之處。父母之婬精和合〆。大圓鏡智境界ヨリ人間界エ臨ム初ニ依テ臨ト云ヘリ。此心ヲ可知也。皆ニ渡ル也。
兵ト者父母之婬精和合得人間體。男女形有レモ未闘法覺悟之心無キ邪正不二境界ニ善惡障礙無ニ依テ兵ト書テチウトヨム也。
闘者男女之姿正シク〆。母ノ懷中ニ乍有。聞法開悟之心依有。此文字ヲタタカウトヨム也ト者。母ノ胎內乍在六根相應皮肉調テ父母ノ乳味ヲツイヤス事ヲヲソロシク思テ。兩手ヲ未敷蓮華ノ印ニ〆額ノ下ニ付テ。身ヲホソメテ坐臥定ニ依也。
皆者胎內ニ乍在三千大千世界ヲ聲ニ付テ覺リ。本有ニ心ヲメクミ。過現未之悟知テ。九品蓮臺ヨリ人間ノ渴地出テ。心スルニ依テ皆ノ字ヲミナトヨム也。九字ノ內ニ皆ノ字ヲ中臺ト〆。餘ハ八葉可意得也。
陳者人間ノ體悉具足〆手足ヤワラキ。內行步ノメクミ有ニ依テ。陳ノ字ヲ飛行自在トヨメリ。是ニ依テコザトヘンニ車ヲカク也。
烈者胎內ニ〆四足ウコキ。自在ヲメクミ。六根究竟皆以テ自在ノ故ニ。心ニ依テ此文字ヲツラナルトヨメリ。
在者六根六識六境界ヲ具足〆出世心ニ〆持テ。現世ノ作法ヲ具足スルニ依テ。此文字ヲ在トヨム也。

前者胎內ヲ出テ兩手ヲ開キウカノ二字ヲ唱ル也。孔字ヲ心得ルニ依テ前ノ字面トヨメリ。又武士ノ前ノ一字ヲ以テ諸事ヲ意得ル也。

一裝束堅ル身ト成テ。高名ノ心ロ勸ニ依テ鎧唐櫃之四方ニ書レ之。內ノ方ニ押ス也。面三字押セハ則五形五安穩ト可レ思。依レ之前ノ字ヲススムトモヨメリト云云

百九十五 陳着法兵法冠大事

外縛ノ九字九遍。開ニ其印ヲ自ニ頂上ニ下ヘ三度垂下スル加フ實名ヲ。

前臨兵闘者皆陳烈在

一將束具足櫃前ノ一字ヲ苻ニ彼上ニ置テ讀メ成ヘ堅ムル將束ト身也。

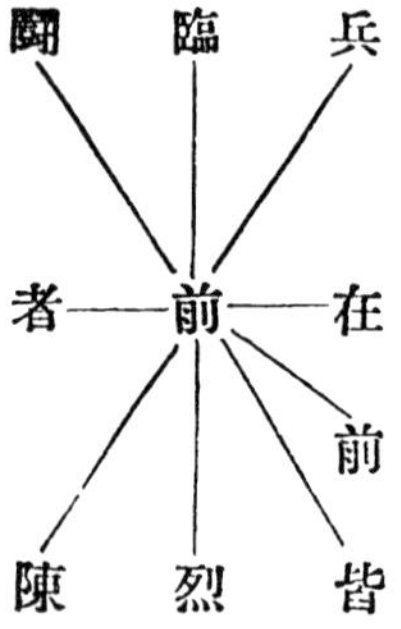

百九十六 陳拂法兵法雷大事

先印上同。船車龍馬平地如レ通ル也。假令ヘ敵人送ルモ更不レ被レ送。

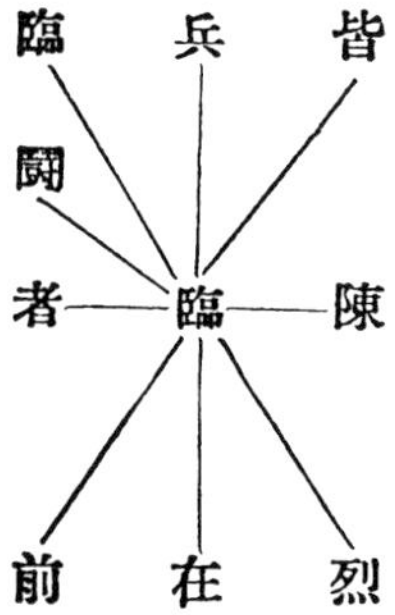

百九十七 九字垂迹

九曜星 當年星

臨 計都星 七歲	者 火曜星 六歲	烈 日曜星 五歲
兵 日曜星 八歲	皆 羅睺星 十歲十一歲	在 金曜星 四歲
闘 木曜星 九歲	陳 土曜星 二歲	前 水曜星 三歲

南方ノ天ニ向テ九遍誦メ。齒ヲ九遍嚙ミクタクヤウニカミ合。其年ノ星ノ役難ヲカミクタキ失故ニ忽ニ吉星ト成ル也。惡魔外道疫神惡靈强敵等ヲカミミ失ソト可レ觀。深祕也。

臨　兵　闘　者　皆　陳　烈　在　前

百九十八 九字本地

如意輪。十一面。馬頭。准胝觀音。
千手。地藏。龍樹菩薩。釋迦。文殊。小刀。
宅天（イエノカミ）。聖辯財天。彌勒。〔梵字〕（アラキャ）王。大刀。
日輪。月輪。胎藏大日。摩利支天。不動明王。金刀。
大威德。金剛界大日。三寶荒神。鍔。虛空藏菩薩。
執王。普賢菩薩。八大荒神。不動明王。阿閦佛。
二萬燈明佛。三萬燈明佛。軍荼利藥叉。
大通智勝佛。日月燈明佛。歡喜佛。難勝佛。無量壽佛。
定光佛。文殊師利菩薩。藥師如來。無盡意菩薩。
毗盧遮那佛。

四竪五横　出行

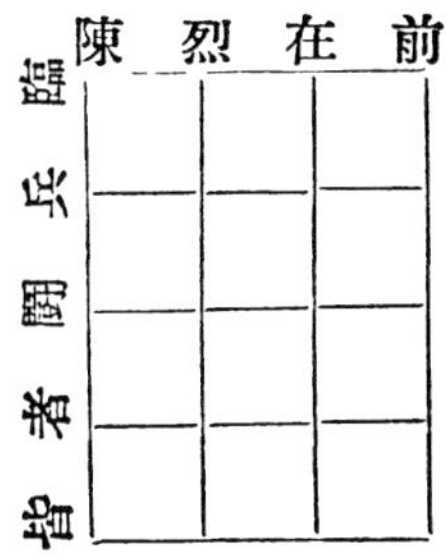

者　文曲星　卯酉年人
皆　廉貞星
烈　破軍星　午年人
在　月天
前　日天
闘　祿存星　刀戌年人
陳　武曲星

烈ノ字ハ是破軍星也。故ニヤフルルトヨム也。敵ノ方チハ皆破ルル身チハ一人モカケズ。皆烈ナルト可ニ觀念。午ノ歲人破軍星ナレハ。弓箭ノ時ハ體入チ切サスル也。烈ノ字チ破フルルトヨムハ。亂ト云字チ亂トヨムト同意也。敵ノ方ニテハ烈フルサクルト可レ讀也。

北方ノ天ニ向九字九遍誦メ。其牙ヲ九度可レ嚙。是ヲ舌食ノ法ト云。兵粮藥ト云イ。天上不死ノ良藥ト云イ。大般若經ニハ亦如ニ天甘露ト說キ給也。九字ニ各九字ヲ具足スル故ニ九九八十一之壽命ヲ保ッ也。卽延齡却老之祕藥也。然ル間八十一年カ間必ス切射推ノ三略スルニハ上術ノ法也。弓箭刀鋒ニカギラズ。非時。中央。短命。怖畏難。惡靈。邪氣。怨敵。疫病等難免ルル事全無疑者也。行法數遍ハ行者ノ意樂ニ可任。每夜月七个日ニモ又意樂ノ御緣日ニモ可修行。現世ニハ惡魔ノ難ヲ免レ。未來ニハ八寒八熱ノ水火ノ難ヲ除ク。先世擁敵害ヲモ略ク故ニ。過現未ノ三世ノ害ヲ略ク法ナレハ云三略法ト也。深祕也。如此深信觀解メ法法ヲ行スル時ハ。胸ノ間八分肉團忽ニ八葉ノ蓮華ト開ク。九字卽九尊ト現シ卽身卽佛ノ覺位ヲ開キ。九葉曼荼羅ノ聖衆ヲ卽我身上ノ胸ニキカン事ハ唯是九字法ヲ修行スルニヨル也。但依ルト信不信ニ也。

百九十九　九字本位

臨　多門天　兵　降三世　鬪　持國天
者　金剛夜叉　皆　不動　陳　軍荼利（陣字下同）
烈　廣目天　在　大威德　前　增長天

百二　九字大事

臨　外縛二中二大立合。　本地毗沙門
兵　大金剛輪之印。　本地十一面
鬪　外獅子印。　本地如意輪
者　內獅子印。　本地不動尊
皆　外縛二大立合。　本地愛染明王
陳（陣字）　內縛。　本地正觀音
烈　智拳印。　本地阿彌陀
在　日輪印。　本地彌勒
前　寶瓶印。　本地文殊

次以刀印四竪五橫切之。

私云。九字印明ハ本ト非佛說ニ有道家內包朴子等ニ云云是沙門ノ非可行法ニ也。雖然本朝武夫思沙門ノ所作ヲ盛ト懇請ス。若答ヘテ不知之却

爲誹謗。所以爲順世且令勿懷謗罪記此九字法。
故臨時說示此旨。古來九字十字切紙其數多。異
說區也。今擧其一傳。餘略之也。

二百一　九字印大事

臨　寶瓶印。外縛（イ内縛）中指立合。
兵　大金剛輪印。　闘　內獅子印。
者　外獅子印。　皆　外縛二風二指立合。
陳　內縛印。　烈　智拳印。
在　日輪印。　前　遠行印。（隱形）
握右右大指入左掌。

切樣

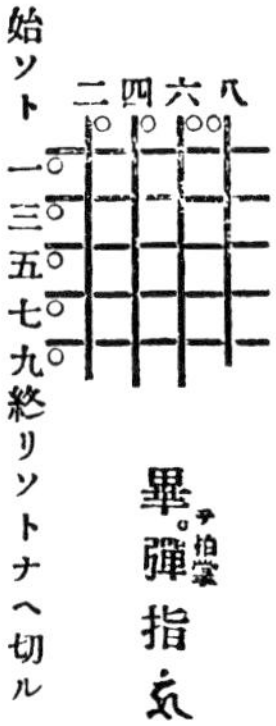

畢。彈指（拍掌）[梵字][梵字][梵字]（三遍）。

口傳云。朝向日天修之。切畢日輪內左書光字。右可
書夯字。切書不動鈒印半印也。以上畢。

年號　月　日授　傳授大事
切九字今入一字爲十字樣有。通用時入吉也。切時
堅切入也。

二百二　摩利支天九字法（是又一傳也。）

外獅子子印。
臨　兵　闘　者　皆
陳　烈　在　前。（勝）

四竪五横

內師子印。
[梵字]（マ）[梵字]（リ）[梵字]（シ）[梵字]（エイ）[梵字][梵字]
馬頭印。
ノゾメルツハモノ。タタカウモノ。ミナヂンヤ
ブレテ。マヘニアリ。
日輪放光印。
南無日輪[梵字]（マ）[梵字]（リ）[梵字]（シ）天菩薩[梵字][梵字]
隱形印。
唵旋陀羅耶（某甲）息災安穩隱形

二百三　兵法十字之事

勝　出軍陣其外一切勝負事時可切加此字。又書持左手內必得勝利也。已下皆准之。
鬼　向病人時加此字不受病也。
龍　渡海川時加此字無障也。
一　行野山時加此字不迷道也。
角　行塞方時加此字無難也。
行　總出行時加此字無難也。
命　向酒其外佐食事時加此字壽命安穩也。
水　大酒又中毒時加此字必消諸毒也。
天　奉向佛神幷高位高官人時加此字也。
虎　向獸時加此字遁横難也。
太　向敵時加此字身心堅固也。
合　賴大事于人時加此字必相稱也。

右內隨用九字末一字以加之號爲十字大事。又左手內書持何字如最初勝字也。

二百四　十字大事

吉船乘時　大勝負時　一河渡海時
惡盜人不合　鬼疫病不移　識道路不迷
會狂人行合時　水酒不醉　食無物煩
敵萬難遁

右此符形有口傳。出我家時。三足內以楊枝端三度書三度嘗也。總每朝書此字嘗後。心經三卷。一字金輪咒千遍百遍。或本尊咒任意可誦也。努努不可他見云云

千金莫傳。

十字大事 祕術也

天　出向大名高家大官人前時書此字左手內可持。
龍　渡海河船橋時書此字可持。
虎　行廣野原深山時書此字可持。
王　弓箭兵杖軍陣山賊海賊夜行時可書此字。
命　人方無心元茶酒飲毒藥思有時可書此字。

勝人沙汰事市町賣買勝負時可書此字。
嘊避疫病又行疫病家時可書此字。
水暗所大穴家內案內不知時又向大酒時可書此字。
大往遇惡人惡緣狂人時可書此字。
右此十字任其其用左手內右手釵印書。上九字加誦成十九字九遍唱。其息氣吹懸手內字確握可持。如此行時免上諸難無疑者也。可祕可祕。千金莫傳。許九字不可許十字。深祕深祕穴賢穴賢。此上出行之時可加極祕。云云

二百五 新衣服加持作法

衣服入箱置本尊前加持之。
先護身法。
次小三股印。　枳里枳里明逆順各三遍。
次佛眼印明。七遍。　次外五股印。　[梵字]七遍。
次愛染印明。三遍。

次大勝金剛印明。三遍。　內縛二中立合釵形。
[梵字]
次不動獨鈷印。　慈救咒。三遍。
次降三世印明。　大印大咒。順逆五處加持。
次以上咒各百遍誦之加持衣服。　次祈念任意。

二百六 兵具加持大事

先內縛　臨兵前印二中立合　鬪者前印二大立合　皆陣前印二小立合　烈在前印二頭指立合　前王
次降三世印永五遍。東西南北中央堅也。
次智拳印唱曰。
刀兵不能害　水火不焚漂　得長壽百歲
得榮華千秋　安穩富貴人　家門繁昌樂
牛馬眷屬等　自在娑婆賀　文

二百七 具足加持　武具加持

先護身法。　次甲冑印。　二手合掌二頭押二中

背上節二大指着中指邊印身九處。額。右肩。左肩。心。右股。左股。臍。右腋。左腋。眞言曰。

〔梵字〕バ ザラ キャ バ ヤイ バ ジリ ク ロ バ ザラ バ シ レイ ダ バン

次結胄印。二手金剛拳伸二頭指相縈繞。毎處三度。右頭指端想〔梵字〕字。左頭指端想〔梵字〕字。從此二字流出青組糸。結堅甲胄十二處。心。背。右膝。左膝。臍。腰。後。右肩。左肩。喉。項後。額前。頂後。其後垂帶一度。舞儀三度。後合掌置頂上。

具足胸書左五字。

〔梵字〕五　〔梵字〕四　〔梵字〕一　〔梵字〕二　〔梵字〕三

具足後書左三字。

〔梵字〕不動　〔梵字〕摩利支天　〔梵字〕愛染

具足面卍如是書卍字。

專

軍團扇書專字

具足面裏書〔梵字〕字。

二百八　武具加持

先護身法。　次摩利支天寶瓶印。

〔梵字〕マ リ シ エイ

〔梵字〕

次日天印。外五股印　〔梵字〕ア ニ チヤ マ リ シ エイ 〔梵字〕

次不壞堅固印。金剛合掌二風寶形二空入掌內相叉。

〔梵字〕ティ シユ シン バラ サ ラバ アラ タ サダ キャ シツ チヤ シン ダ マ ニ アク

〔梵字〕タンナウ ウン ソウカ

次不動印明。根本印火界咒。劍印慈救咒。

二百九　弓箭加持

愛染印明。

先根本印。二手金剛拳內相叉爲縛。直亦忍願如針相交。即成染。是名根本印。處。印四

〔梵字〕マ カ ラ ギャ バ ゾロシユニシャ バ ジラ サ トバ シヤク ウン バン コク

次外五股印。〔梵字〕ウン タ キ ウン ジヤ

次內五股印。〔梵字〕ウン シツ チ

弓箭大事

欲金剛印。二手作拳如射法。
[梵]合サラハトラキヤソタマキヤサナサ
次八葉印 [梵]ロケイヂンハラ[梵]ソワカ
歌曰。
シラセハヤナセハ何共ナリニケリ
心ノ神ノ身ヲ守ルトハ

二百十 矢違之大事

言 刀兵不能害 水
真 [梵][梵][梵][梵][梵] 火
引 [梵][梵][梵][梵][梵][梵] 不
慧 入世来出 梵
宮 願

如此書上裹兩方釵形其上
朱
[梵][梵][梵]表 [梵][梵]裏
開眼佛眼大日愛染王摩利
支天各印眞言念誦
何モ百遍 持送之畢

二百十一 刀加持

不動印明。如常。

二百十二 鞭加持

[梵] 鞭先書[梵]字。即以此眞言加持。眞言遍數多
滿之。云云

又說

鞭先以水書[梵]字。即以[梵]字加持之。云云

二百十三 馬加持法

南無大悲觀世音菩薩
南無妙法蓮華經藥草喩
品第五

上丸ト次ノ二行ノ字ヲ珠數ノ達摩ニテ。馬ノ額ノ毛ヲワケテ三返書ク也。次ニ南無妙法等ノ一行生竹ノ葉ニ書テ。餘ノ葉一トツカミニ取ラヘテ馬ニ食ハスル。其上エ馬頭觀音ノ咒ニテ百遍計リ加持スルナリ。印ハ小三貼ノ印也。

二百十四 付馬守之事 以紙或板一小認之也。

表 閒嗚日馬日馬使已詞地鎭鬼除

裏 馬頭觀音守護所

又書咄嘍鬼地鎭鬼除宜。是一說也。

又一說云。書馬頭觀音頓病拂云云

二百十五 押馬屋札之事

二百十六 乘馬大事

先護身法。如常。 次外獅子印。

迷故三界城 悟故十方空 本來無東西

何處有南北

馬頭印。 蓮合二水二風入掌二大竝立屈。明曰。

次內縛開小指遶左右。明曰。

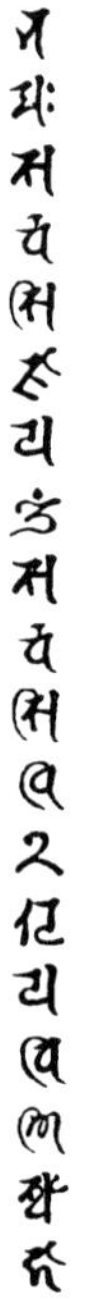

右修此大事乘馬遁殺生業事無疑者也。滿二利行。

云云可祕。云云

季 月 日 授與 快照

傳授龍光院法印宣宥

二百十七 出行大事 有口イ二十八宿唱 寶性院快旻傳

愛染三種印明。 惡方成善頌文曰。

一切方處 皆是吉祥 無有邊際 離障礙故

如風於空 一切無礙

不簡善惡日法

先護身法。 結界等。 次大日如來。 次金輪印明。

善惡諸神自眷屬也。如來拳印淨土變。委細口傳。

二百十八　船乘之大事　弘法入唐時大事

護身法。如レ常。　次外五貼印ニテ　禮文三遍。

捨惡持善　乘船渡海　智見龍宮　皆令成就

次內五貼印ニテ　向二東西南北中一各明一遍　文云云

二百十九　渡海安全法

善名稱吉祥王如來印明。　金剛合掌。　眞言曰。

ナウマクサンマンダボダナンアンサラズダギヤウデサトヌキリタ

ヤニヤベイシヤニナウマクサラズビダイソワカ

曩莫三曼多沒駄喃。暗　縛沒駄冐地薩怛縛紇利捺野儞也吠奢儞曩莫薩縛。尾泥娑婆賀

師口云。念二善名稱吉祥王如來一除二風波之難一得二無畏快樂一。見二七佛藥師經一矣。

修驗深祕行法符咒集卷第七

二百二十　方違守

是レ內符也。

守ノ表ニハ如レ左書レ之。

南無光明天王

謹請艮方多聞天王

謹請巽方增長天王

謹請坤方廣目天王

謹請乾方持國天王

謹請中央堅牢地神

右札ヌルデ木切八寸書之。四角柱根埋之也。越ヨ卯方時持火可越。越午方時持水可越。丑未方辰戌方時皆持水可越。越亥方時持土可越。越申酉方時口傳云。自家內吉方出也。祈禱師先立唱文曰。

南無光明天王

一切日皆善　一切宿皆賢　諸佛皆威德

羅漢皆斷漏　以此誠實言　願我常吉祥

迷故三界城　悟故十方空　本來無東西

何處有南北

作唱可立施主先行。但祈禱師不行者。自其尅唱右文能能可祈念。出行惡年月日皆唱此咒成善大吉也。次越道具等家內生氣方札等置一處可祈念。地鎭之法施可唱心經。觀音經。正觀音咒千遍。五大尊咒各百遍。愛染眞言百遍。四天王總咒百遍。餘可任意。幣五本。拂一本。五穀。酒。洗米。餅。赤飯等可供養五帝龍王。祈念了。幣供物等生家方可埋也。

二百廿一 金神除法

金神越七殺之方時守

守表　裏

表字上書四竪五横也。

男子守

女守

守表書樣男女如是可替也。

移越時ヌルデ木長切七寸。書四句文每人可令持。又石書四句文可埋四角柱本。又前後七日向玉女方ヘ可レ修ニ九字一也。

金神除祈禱祕事

ヌルデノ木ヲ施主ノ人ノ長ケニクラベテ切リ。家ノ回リヲ唱ヘ念佛ヲ三遍回リ。彼ノ木ヲ五本ニ切リ。頭ニ三刀下ニ五刀アテテ[梵字]ヲ中ニ書キ。回リニ迷故等ノ文ト。一切日皆善等ノ文ヲ書キ。木ノ本末ヲ次第シテ金神遊行ノ日。金神ノ方ノ壁ヲ穿チ。其ノ方ニ埋ム之。又此ノ九字ヲモ紙一枚ニ書テ一處ニ埋レ之也。

錫杖。一卷。　自我偈。七遍。　尊勝陀羅尼。七遍。

金胎眞言。百遍。　四句ノ文。百遍。　光明眞言。百遍。

右如法ニ修行シ祈念可レ任レ意。

迷故三界城　悟故十方空

守ノ　我此土安穩

內　[梵字]

符　天人常充滿

本來無東西　何處有南北

守表　臨兵鬪者皆陳烈在前 

裏　[梵字]

右ノ守ヲ其ノ方ニ一ツ可レ埋レ之。家內ニ有ニ幾人一皆可レ令レ持ニ此ノ守一。

二百廿二　趣ニ金神方一時ノ咒守

天神王地神[梵字]

本來無東西　何處有南北矣

右勝軍木ヲ手一束ニ切リ。尖ヲ劍形ニメ平ク削ル也。入字書程ニ厚クスル也。是ニ前ノ內符ヲ書ク也。其後烏牛王ニテ其上ヲクルム。紙ニテクルム（ツツム）也。表ニハ[梵字]　裏ニハ家金神ノ方ニ不レ見様カヤノ中ニ押也。祈念ニハ錫杖仁王經祕鍵能能可ニ祈念。歌云。

竪サマニ横サマサマニ角チカイ

縦横無礙ニ[梵字]

二百廿三 從二金神方一來入守內符

[梵字]

一切日皆善　一切宿皆賢　諸佛皆威德
羅漢皆斷漏　以斯誠實言　願我成吉祥

表 [梵字]　裏 [梵字]

二百廿四 荒神濡手大事

朝手水ツカフ時手ヌゴハズ先此作法ヲスベシ。

先護身法。　次無所不至印。[梵字]

次轉法輪印。[梵字]

次內縛印文曰。

本體眞如住空理　寂靜安樂無畏者
境智慈悲利生故　運動去來名荒神

次內縛印。二中立合。　次內獅子印。　次外獅子印。

次荒神六印明。[梵字]

[梵字] 各三遍。

荒神ヌレ手ノ大事

外五貼印ニテ。

本體眞如住空理　寂靜安樂無爲者
境智慈悲利生故　運動去來名荒神

咒曰。キャハヽヽサンサンウンハッタ口傳。

歌曰。

年ヲ經テ身ヲサマタグル荒御前
今拂レテ千代ノトミセヨ

ト讀ム也。有二口傳一。

三寶荒神手水洗レ手大事 以二右頭指一書二左掌一字。

魂是チ書此字チ寫二右大指ノ一不放印言曰。

唵唬摩々々荒神　本地普賢

又印。內五貼ギャハヽヽサンザンウンハッタ

二百廿五 荒神灌頂大事

智拳印　明曰。[梵字]

外五貼印明曰。〔梵字〕
同五貼印明曰。〔梵字〕
過去荒神明曰。誐婆誐婆蹄々吽發吒
獨貼印頭指三度令撥遣。
現在荒神明曰。釼婆耶釼婆耶娑婆訶
外五貼印引放三度令撥遣。
未來荒神明曰。唵誐誐曩三婆三婆吽發吒
内五貼印圓放三度令撥遣。
右三世九萬八千荒神吽發吒所令三度可撥遣也。
於此大事者極上極深中深也。千金莫傳而已。

荒神大事

修荒神供還後向東結誦外五貼印。
釼婆耶釼婆耶眞言不動搖五體閉目坐可結。用此印所殘之一人障礙神歡喜。云云
口云。不知此大事者還行者成障礙。云云

二百廿六 三寶荒神 秘法託宣

先護身法。九字。心經。三卷。神女。行水加持。
千早振ル此モ高天ノ原ナレハ
集リ玉ヘ四方ノ神神。三遍。
次水天咒。二十一遍。
〔梵字〕 〔梵字〕
次外五股印。三遍。
迷故三界城 悟故十方空 本來無東西
何處有南北
次無所不至印。三遍。
諸佛救世者 住於大神通 爲悅衆生故
現無量神力
次大鈎召印言。内縛以大指招。眞言大鈎召眞言也。
次八葉印。三遍。
南無三寶大荒神。至心勸請奉。
本體眞如住空理 寂靜安樂無爲者
境智慈悲利生故 運動去來各荒神

次不動根本印。

南無三寶大荒神。我三寶大荒神。天金色如來。地堅牢地神迄。御靈驗垂玉。

〔梵字〕（カンバヤカンバヤ）

次神女　口ニ〔梵字〕　舌ニ白　頭ニ〔梵字〕　指ニテ書ク。

次心經。七卷。

二百廿七 支度　左之通

一幣　長三尺五寸　五段下リ又ハ三段下ニシテ宜シ。

一御酒　洗米　香華　大根ヲ供ス

一壇面神女ニ幣持サス事

供物

燈明
大根
香華　鹽　米
洗米　汐　井
大根
燈明

二百廿八 荒神放捨祕法

先護身法。　次灌頂祕印明。　次獨貼印。

內縛立合二風。二風三度外撥。三世荒神者三度撥也三撥遣過去九萬八千夜叉。〔梵字〕（ギャバ　サン　サン　ウン　ハッタ）

次內五股印。或外五股印。以風指三度撥。是撥現（イニ頭）在九萬八千夜叉。〔梵字〕（カンバヤ）

次內縛印。　內縛向下三度引開。是撥遣未來九萬八千夜叉。〔梵字〕（ギャギャナウサンバ）

口傳云。已上三印言祕中深祕也。凡一切行法時大金一字前可用此三印。云云　又口傳云。上三印各各撥遣後又可召之。云云　意三世荒神撥之了。惡事止息必善事入替意。召之時呼施主或行者名。云云

二百廿九 牛王返大事

先護身法。如常歌云。

燒盡ス御願ノ文字モアトヲタニ
殘サハヨモヤタタリアラシナ

次中律祓ノ祭文。一卷。
[梵字]月水[梵字]羅伏
[梵字]月火除牛王[梵字]
是ヲ守ニモ符ニモ書テ七日ノ間呑ス也。其內觀
音經三卷。心經千卷。
次九字四竪五横。次ヒシノ印ニテ打拂也。眞言曰。
[梵字]ハサラシヒ〳〵ユイソワカ　千金莫傳。

牛王返大事

上伊勢天照大神
前在烈陣皆者闘兵臨
九山八海菩提無法性消滅
空方十故悟　城界三故迷
本來無東西　何處有南北
右入身姓名可加持二遍。　先護身法。如常。
次送車輅。　[梵字]
次鉢印。　[梵字]

次根本印。　火界咒。三遍。
次彌陀六印ニテ　念佛百遍宛。
南無所不至印。　同無內五貼印。　同阿外五貼印。
同彌法界定印。　同陀彌陀定印。　同佛不動鈒印。
次藥師咒。ト二遍。　次觀音經。三卷。　次心經。三卷。
右如此能能加持祈念。又其上ニ五穀ト粢トヲ盛
リ立テ祈念スヘシ。可祕云云歌云。
千葉屋經ル神ノ住カモスコケレハ
急キ歸レヤ四方ノ神神
隔シヤ幾千代迄モ守カシ
內外ノ神ノ八重ノ神神
次彈指三遍　[梵字]　已上畢。

二百三十咒咀返之大事

先人形三人切テ返咒咀。
一[梵字]　二[梵字]
三本文士八五水喼急如律令　歌曰。

年ヲ經テ身ヲサヽタクル荒見前
今ハ離レテ本ノ社エ

此ノ歌ヲ書テ後魂ヲ入テ。又八葉ヲ切テ。一ニハ虚空[梵字]ト書テ、歌曰。

河ノ瀬ニ祈リ續ケテ拂フレハ
雲ノ上エ迄テ神ソ登リヌ

一[梵字][梵字][梵字]三遍。歌曰。

今日ヨリハ余モヤ祟ラシ荒見前
悦ヒ成シテ返リ給ヘヤ

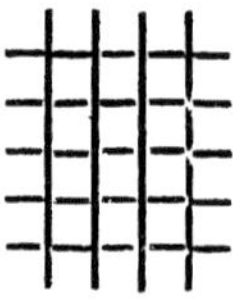

年ヲ經テ家ニ住ミツル荒御前
出テヲ行ヌル又カエリクナ

九字能能堅メテ人形ニ可レ書事

生靈
咒咀諸毒藥　諸欲害身者
念彼觀音力　還着於本人

死靈ニハ
若以色見我　以音聲求我
是人行邪道　不能見如來文

迷故三界城　悟故十方空
本來無東西　何處有南北

是ヲモ書テ能能祈念ノ事ヲ吹付ベキ者也。勤行ニハ心經三十三卷。觀音經七卷。尊勝陀羅尼七遍可祈念ス。次大金剛輪ノ印咒ニテ送ルヘシ。一印五明法ヲ能能可レ咒。云云

一送ル時ノ歌ニ曰。

モモノ木ニモモセノツミハアリナカラ
外道アラシト拂イコソスレ

又歌曰。

拂シテ立チ出テ見レハ西ノ海
忍ヒヌ間ママニ富トミソ入リ增マス

此ヲ讀テ其後師子印ヲ以テ能能堅テ人ニ預ケテ送ラハ其人ノ返ル迄九字ヲ我持行カハ。九字ヲクリナカラ持テ行レ咒。口傳ト云云

二百卅一　除罰之大事

先護身法。如常。
次虚心合掌。開二中指一罰。次開二右頭指一〔梵字〕。次開二左頭指一〔梵字〕。次合二二頭二大一〔梵字〕。即成二塔印一。
是意敎方祕事。輙不レ可レ傳レ之。千金莫レ傳。可レ祕可レ祕。

除罰之法

無所不至印。
〔梵字〕 開二右頭指一。 〔梵字〕 開二左頭指一。
〔梵字〕 本無所不至。
又當二四句文一。
開二右頭指一。 本體眞如住二空理一
開二左頭指一 寂靜安樂無爲者
二大竝開 境智慈悲利生故
其儘八葉 運動去來名荒神
次九字。 四竪五横。

二百卅二 諸神除罪大事

未敷蓮華印。 歸命〔梵字〕
同印。右風指開。 歸命〔梵字〕
同印。左風指開 歸命〔梵字〕
无所不至印。 歸命〔梵字〕

二百卅三 除魔大事

此法狐放叉行二疫病加持一時自身堅也。諸事通用。
先護身法。 次智拳印。 頌曰。
諸法本不生 自性離二言説一 淸淨無二垢染一
因業等二虚空一
〔梵字ア〕〔梵字ビ〕〔梵字ラ〕〔梵字ウン〕〔梵字ケン〕 五處加持。
次金剛合掌。 頌曰
天魔外道皆佛性 四魔三障成道來
魔界佛界同如理 一相平等無二差別一
〔梵字ア〕〔梵字ラ〕〔梵字ハ〕〔梵字シャ〕〔梵字ナウ〕 三遍。

二百卅四 留二靈火一大事

[梵字][梵字][梵字]
[梵字][梵字] 唵急如律令
[梵字][梵字][梵字] 觀道アリ
曩莫三曼多母馱南阿弊多羅尼薩怛嚩馱敦ソ
ワカ可ㇾ埋也。
次召罪印言。 次摧罪。 次除ニ業障ー。
次兩部印明。 次阿闍梨位印明。

二百卅五 火伏之大事

無所不至印。 [梵字]ナウマク[梵字]サン[梵字]マン[梵字]ダ[梵字]ボ[梵字]ダ[梵字]ナン[梵字]バン
獨鈷印。
火印獨鈷印。內縛二風寶形。
水印。內縛二火立合水天印。
[梵字][梵字]メ[梵字]ロ[梵字]ダ[梵字]ヤ[梵字][梵字]
大海印。 內縛散ニ家內ー誦ニ[梵字]字ヲ三遍。

火伏札

此丸札ハ青紙ニ書ㇾ之也。
略時ハ如ㇾ下圖ノ書ㇾ之也。

右ノ丸札ハ其家ノ梁ニ字ノ頭ヲ北ニナシテ押ス也。或ハ天井ノ板ニ押ス也。

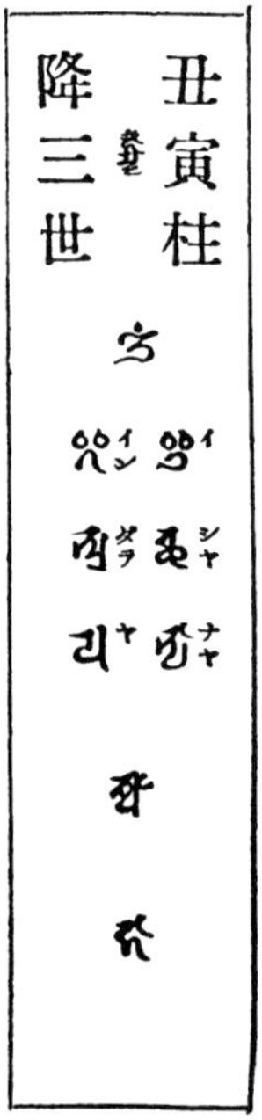

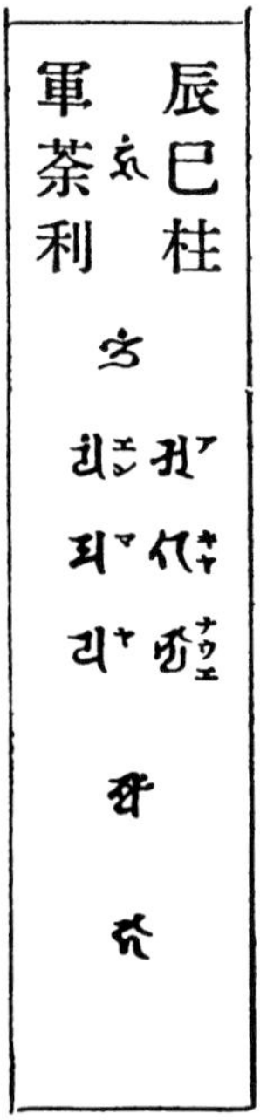

未申柱
大威德 [梵字]

戌亥柱
金剛夜叉 [梵字]

四枚ノ札ハ書付ノ通リ其家ノ四隅ノ柱ニ押ス也。

火伏之大事

先無所不至印。[梵字]
次獨胋印。[梵字]
次外五胋印。[梵字]
次大海印。內縛散㆓家內㆒。誦㆓[梵字]字㆒。

右祕中祕。

年號　月　日

火伏之大事

先歸命[梵字]　無所不至。
次獨古杵印。水天眞言。三遍。
次外五古印。[梵字]
次大海印。同咒。內縛散㆓家內㆒。[梵字]

又

京東寺聖一國師愛宕祈誓感得火伏之符方也。四方紙ニメ板スリ家家ニハル。
東寺ノ不動ハ愛宕ノ脇立。不動現メ建立セハ衆生ノ瞋恚ナキ樣ニセヨ。瞋恚ノ火ハ佛神モ難㆑滅。即チ大工日用ニ晝夜ノ價ヲヤラハ。十萬年ヲ守ント。末代ノ誡也。

二百卅六　ム燒火大事

先護身法。如㆑常。　次引導印信四通書㆓ム㆒可㆑埋也。
次書㆓心經㆒可㆑埋。次方可㆑任㆓意㆒。
次書㆓此歌㆒可㆑埋。

(梵字)辰蔵能水ニ波散テ
光モ旻炬索消ヘケリ

此大事ハ弘法大師御作。唯授一人之大事也。

二百卅七 取二火災一事 有二口傳一

一其朝ニ至テ手ヲ不レ洗。小便ヲ以テ手ヲ洗テ。左右ノ手ノ掌ニ同ク小便ヲ以テ(梵字)字ヲ一字宛書テ可レ取也。此大事ハ深秘深秘。不レ可二他見一。

二百卅八 治二火傷一咒

人若シ火傷スル時ハ
猿澤ノ池ニ大蛇ガスンデオワシマス。此ノ
水タムケルトキハ。ハレズイタマズ。アトツ
カズ。

右ヲ唱ヘテ火傷セシ處ヘ水ヲ汲ミカケテ。(梵字)ト一心ニ念ジテ。其ノ口ヲ以テ火傷ノ處ヲ三度吹テ。息ヲ吹キカケルベシ。 又一説ニハ。

古ヘノ神ノ小供カアツマリテ
行フ法ハ黒狐白狐

ト三遍唱ヘ。然シテ後金剛拳ヲ以テ(梵字)ノ咒ヲ誦シッツ。火傷ノ處ヲ三度押ス也。

二百卅九 酒之口開加持

先護身法。 次酒初穂置レ前ニ。
次法界定印明曰。(梵字)
次同印。 (梵字)
次無所不至印。 (梵字)
次金剛合掌頌曰。
此酒芳美 遍滿天下 法味飡受 皆悉飽滿
唵急如律令
次須彌甘露印。 五色光明印咒。光明眞言也。
又云。施無畏印。 (梵字)ソロソロハラソロ七遍。
次廻向 願以此功德 普及於一切

歌曰

我等與衆生　皆供成悉地

神モ知ル神モ普ク聞食セ

ミモスソ河ノ清水ノ酒

神モ知ル萬ノ神モ聞食セ

ミモスソ河ノ清キ甘酒

神モ知ル神モモラサス聞食セ

ミモスソ河ノ天ノ菊酒

二百四十　酒ヲ作リテ惡ク成リタル時善クスル符

如是書入酒中。

黒豆ヲ其者ノ年ノ數スダケ袋ノ中ニ入レテ酒ニヒタス。酒上ニ法華經ヲ置クナリ。又ノ說ニハ疵ノ不付米ヲ年ノ數ダケ袋ニ入レテヒタスモアリ。此符ヲ能能修スレバ酒忽ニ善クナル也。私云。酒ノ咒偏ニ順之。世ニ買酒ノ罪重シ。依テ沙門ノスベキ事ニアラザル也。

二百四十一　槌造作咒事

大槌造家三年迄不榮。榮時主人死。小槌作家七年迄不榮。榮時主人死。但欲造取辰巳土置四角。夫程可還本所。

一錢五文內。四文置龍伏ニ一文置棟茸合。一文永樂。

口傳

二百四十二　生死靈放符形之事

若以色見我　以音聲求我

是人行邪道　不能見如來

右開眼

先護身法。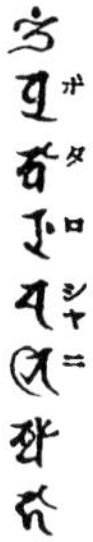

次佛眼大咒小咒共用之。次大金剛輪印言。（烏補缺分。）

次無所不至印。

微塵恒沙智德令成就圓滿。

次智拳印。

右彼符入開眼印內彼經文ヲ二百遍（一作三遍）計可讀也。

二百十三 四 死靈教化大事

先護身法。如常。　次地結印明。如常。
次四方結印明。如常。　次虛空網印明。如常。
次外五貼印。　[梵字]
次智拳印。如常。　[梵字]
次八葉印。　[梵字]
次金剛合掌。　[梵字]
次大事印。　[梵字]ウンハツタ
次如來拳印。　[梵字]
次鉢印。　[梵字]
次外獅子印。　[梵字]シシトリ（コクシヤタソワカ
次內獅子印。　[梵字]
次送車輅印。　[梵字]トロトロ[梵字]

次合掌。　[梵字]
次五色光印。　光明眞言。
次外獅子印明。如上。　次內獅子印明。如上。
次九字十字光明眞言數遍。
次五大尊印。　舍利禮。　祈念任意。

二百十四 四 狐付咒大事

守ノ內符ニ心經一卷。　上書ニハ爾迦縛獨貼。
次仁王經八偈文四言ヲ四句一枝宛ノ札ニ書テ家ノ四方ニヲス也。
次南無稻荷眞狐王菩薩　又稻荷大明神
又駄枳尼天等ト書ク歌曰。
稻荷山我玉垣ヲ打タタキ
　祟リヤメヨトイノル垂迹
稻荷山我玉垣ヲ引シメテ
　我思事叶ヘ御社
次祀念ニハ心經祕鍵任意。次灸ヲ首鎮（カシラツツ）ニ一灸ス

ル内ニ。不動一段式ヲ讀ム。慈救咒百遍。

二百四十五 野狐放大事

先切二九字一大事也。　次不動三種印明。

次佛眼印明。口傳病人直觀レ佛。　次愛宕三種印明。

無所不至印。　歸命

外五股印。　歸命

八葉印。　歸命

鬼　鬼
鬼
鬼　鬼

男ハ左ノ足ノ裏ニ書レ之。

女ハ右ノ足ノ裏ニ書レ之。

次字ヲ額ニ書レ之。　次字ヲ後ロニ書レ之。

祈念任意。諸經可レ誦レ之。大師御作也。可レ祕可レ祕。文曰。

昔在二靈山一名二法華一　今在二西方一名二彌陀一

濁世末代名二觀音一　三世利益同一體

又

諸佛救世者　住二於大神通一　爲レ悅二衆生一故

現二無量神力一

右頌ヲ唱ヘテ。達磨ヲ以テ額ヲシタタカニ押スベシ。口傳云。若貴人ナラバケルト可レ觀也。

二百四十六 同狐之符形 是云二大將軍符一

　隐急如律令

同狐之符形

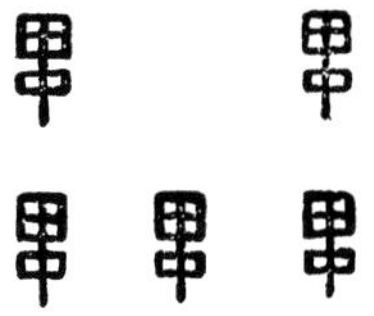

此ハ狐ノ業ロニテ小兒ノ夜泣スル時。家ノ内棟ノ西方ニ竹ニハサミテ立テル也。甲ノ字ヲ書テ其下ニ中ノ字ヲ書ク也。

二百四十七 狐荒ル時立二穴ニ符形

水居
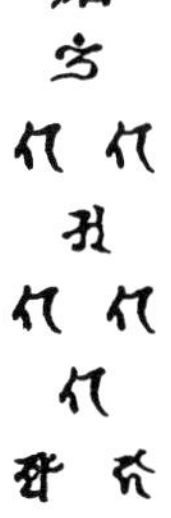
隐急如律令

二百四十八 止二狐通道一大事

歕　書二此字一可レ埋ム レ道也

又道ヲ切ルニモ宜也。但シ此時ハ立歸テ何成トモ食シ。九字ヲ切テ通也。口傳有レ之。

二百四十九　狐鳴之大事

先護身法。
次外獅子印。唵チキニミヤウワウタラタカン
マン
次金剛合掌ニテ歌云。
七福即生ト鳴哉狐ノ其ノ聲カ
七難成ラハ己レ即滅

二百五十　狐荒啼キ亘ル時立ル符形

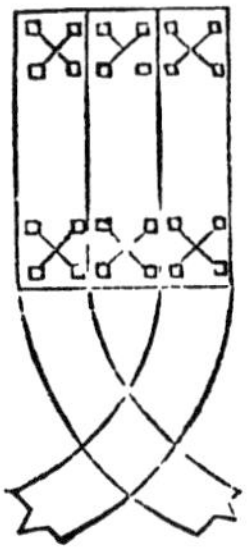

隐急如律令

二百五十一　鼬切レ道時立ル符

天
口口口
日日日　隐急如律令　是ヲ道ニ立ヨ。
口口口

二百五十二　蛇咒事

歌云。
カラクニヤキクマガソハノアルヒトヲ
ナヲシテタベヤモロコシノヲト
次以テチカヤ七本ヲ七度洗フ上下ヲ也。
即是衆生内祕法　本尊清淨妙蓮華
廣大妙法蓮華經　孔字不生美妙臺

二百五十三　靈蛇大事

先田竹ヲ蛇ノ長ニ切テ二ハワリテ。其内ニ光明
眞言ヲ書ク也。一方ニ十一遍。一方ニ十遍逆也。合
二十一遍也。其後ニ彼ノ竹ニ蛇ヲ入テ。左繩ヲ以
テ三處可結。結目ニハ孔𑖝𑖽ヲ書ク也。病者ノ生
家ノ方ニ逆ニ可埋。其後陀羅尼ヲ三遍。光明眞言
二十一遍。訶利帝咒百遍。トトマリキヤテイソワ
カ
其後蛇ニ向テ九字ヲ七遍可切。作歸可誦。文曰。

還着往本人喼急如律令
何程モ家ノ門戸通此文ヲ可レ唱也。

二百五十四　防ニ蚍之來一事
如來ノ十號ヲ書テ戌亥ノ柱ニ可レ押。十號ト者如來應供等文也。世尊迄也。

二百五十五　井中ニ蛇入タル時符形　井ノハタニ立レ之

喼急如律令

二百五十六　鼠對治符
日日日日尼鬼喼急如律令

二百五十七　鼠喰ニ衣裳等一時立ル符形

[illegible]鬼喼急如律令

二百五十八　烏入リタル家内一時立ル符
天罡天[illegible]喼急如律令

二百五十九　烏鳴之大事
先護身法。次金剛合掌ニテ歌曰。
烏鳴ク萬ツノ神ノチカイカヤ
[illegible]字本不生[illegible]字ハ不可得

二百六十　鍋ヘツム入タル時咒事
鍋底ニ歸命[illegible]最極大悲法界體ムニハ其後ツムヲ逆ニ立テ。三日ノ間所作仁王經ヲ讀ム期時キ玉女ノ方ニ出ル也。其ノツムニテツムグ物ヲ少モ内不レ可レ置。鍋ヘ添祈念所ヘ可レ送。

二百六十一　家内有ニ諸事恠異一時札守

〔梵〕除〔梵〕日凡レ日月 〔梵〕〔梵〕轉禍爲福〔梵〕〔梵〕〔梵〕〔梵〕

二百六十二　釜鳴吉事日

丑寅辰午未戌　此日吉也。右外日惡也。

二百六十三　杵落大事

臼底ニ〔梵〕〔梵〕〔梵〕〔梵〕天地同根萬物一體矣。可書。其後釜神ノ弊ヲ切テ能能可祈念。吉ノ方ノカキヲ切アケ可出。其後七日ノ間慈救咒ヲ唱ル也。臼ヲ其家ニテ不使。能能□□□

二百六十四　盗人調伏事

足跡ノ土ヲ取リ。火ニテ可煮。行者日日ニ水ヲ三度アビテ。朝晝晩可煮也。煮度ヒニ咒百遍宛七日。同慈救咒百遍宛七日。後神社下可埋也。可祕可祕。

二百六十五　盗賊除滅大事

先大金剛輪印言。三遍。　次地結印言。三遍。

次四方結印言。三遍。　次降三世大印大咒。三遍。

次訶利帝印言。鉢印常言。　千金莫傳。

二百六十六　盗賊除之札

私云。中本尊訶梨帝母咒咒賊咒也。脇縛賊咒亂書祕也。本式時振假名幷一二等番次等不用也。

二百六十七　祭神烏大事

地藏咒。三百遍。　粢餅入三鉢。口傳

盗人ノ時祭ル也。書入其人ノ人名ヲ入テ桼中ニ烏取ワフル也。

二百六十八 除ニ惡人ノ來ルラ符咒

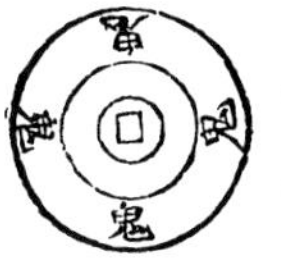

如レ是紙一枚ニ書テ疊ミテ門ノケハナシノ下ニ埋ムル也。

[梵字]東方　多宇多宇　南方　多宇多宇
西方　多宇多宇　北方　多宇多宇

[梵字]七里結界シヤシヤキリキリ[梵字][梵字][梵字][梵字][梵字]

右ノ圖ヲ埋メタル上ヲ。キネヲ以テ。三度ツイテ。其上ヲ右ノ足ニテ三度フミ。右ノ足ニテフム度ヒ毎ニ。右頌文ヲ誦スベシ。最祕最祕。

修驗深祕行法符咒集卷第八

二百六十九 諸佛枕加持大事

先七五三ノ拂ヲ一本切リ。散供赤飯桼等。又無レ不レ苦。本病ニハ[梵字]字ヲ守ノ内符ニシテ亦呑セヨ。藥師ノ咒ニテ[梵字][梵字]ヲ加持シテ用ヨ。

[梵字]
[梵字][梵字]　是生靈ノ大威德ノ眞言ニテ加持シテ呑セ
[梵字]
[梵字]
[梵字][梵字]　是死靈ノ時不動ノ咒ニテ加持シテ呑セ
[梵字]

[梵字]是人行邪道　是表書也
[梵字]不能見如來　[梵字]若以色見我
[梵字]以音聲求我

此符ヲ裏表ニ書キ。四粒ニシテ加持シテ水ニテ可レ呑。病人ノ後ヲミキワニ[梵字][梵字][梵字]三字ヲ。右ノ指ニテ書キ。其後用ヨ。病ヲ加持シテ曉ニ呑ヨ。

二百七十 十隠之事

隱　火伏吉　　隱　他ノ福ヲ召
隐　一切所望吉　　隐　息災時吉
隐　沙汰勝　　隐　軍勝ツ
隐　愛染吉　　隐　萬病消滅
隐　疫病吉　　隐　物怪除

十急[梵字]ニ外獅子ノ印ニテ順百遍。[梵字]字三遍。ロイ可レ祕。諸符ニ隐急如律令ヲ用ルコ。先隐急ト者帝釋ノ義也。如ト者佛說也。律ト者心罪詑ル義也。令ト者諸佛敎ノ義也。又中東西南北ノ方角也。爾ルニ上ノ隐ノ字ニ口ヲ書ク事ハ善事速疾ノ義也。次ノ隐ニ口ヲ不レ書事ハ一切惡事等口舌諍論短命怖畏等ヲ速ニ拂除ク義也。故ニ此ノ五字ハ諸事滿足ニメ惡ヲ除キ善ヲ召ク義也。

二百十一　七　隐急之大事

隐　[梵字]　藥師　外五貼印
急　[梵字]　觀音　前印寶形ニメ
如　[梵字]　阿彌陀　八葉印
律　[梵字]　釋迦　智拳印
令　[梵字]　大日　劍印
[梵字]　無所不至印已上。可祕。可祕

二百十二　七　六算之大事

[梵字]此字ヲ季ノ數書テ。分三メ三日カ七日ニ呑ヨ。祈念ニハ愛染咒千遍。九字千遍。六算當處ニ[梵字]字季ノ數書テ押スヘシ。拈メ灸ヲ一ッスル也。有二口傳一。人形ノ造紙ニ切テ。六根ニ書テ。當處ヲ年數灸ヲメ。ハナシテ河ニ可レ流也。男ハ右ヨリ病ヲ得レハ無二大事一也。女ハ左ニ病ヲ得レハ大切也。喩ヘハ武士戰場ニテ手負ハ彌大事也。謂ノ

七 二 三（肩手 脇腹 足左）
女　九 四 八（頭 腹 股）
五 六 一（肩手 脇 足右）

有二口傳一能能可二相承一也。
男ハ伏ヲ配ス

先勝軍木ヲ六寸ニ切テ。劍形ノ札ニ造リ。劍頭キニテ大字ヲ書テ。成

ノ尅ヨリ鷄鳴ニ至ル迄心經如何程モ誦也。鷄時ヲ造ラハ可讀留也。次彼大字ニ點ヲ打テ犬ト云字ニ可成也。此符ヲ其ノ人ノ天醫ノ方ノ井ニ沈テ。其水計リ可呑。餘水ヲ不可呑。尚禍害ノ方ノ水ヲ深ク可凶。口云。胎テ三月目如此可祈念。

二百七十三 邪氣等加持作法 眞密拾決抄

先淨三業等。如常。 次法界定印。

向施主安坐結法界定印。行者心觀[梵字]字。於施主胸間觀[梵字]字。想行者現成大日尊。施主未成金薩也。次想施主肝臟有[梵字]字變成五貼杵。杵變成阿閦佛。又有[梵字]字成五貼杵。杵變成降三世尊。心臟有[梵字]字成寶珠。寶珠變成寶生尊。又有[梵字]字成三貼杵。杵變成軍荼利尊。肺臟有[梵字]字成紅蓮華。紅蓮華變成彌陀尊。又有[梵字]字成寶棒。寶棒變成大威德尊。腎臟有[梵字]字成羯磨。羯磨變成釋迦尊。又有[梵字]字變成金剛牙。牙變成金剛夜叉。脾臟有[梵字]字變成塔婆。塔婆變成大日尊。又有[梵字]字變成利劍。利劍變成不動尊。又有[梵字]字變成利劍。利劍變成不動尊。五佛五大尊各有恒沙眷屬。前後圍繞。想五佛放五智光。照邪氣惡靈一切迷暗。五大尊各執器杖。斷除諸難諸障。已上二遍觀之。

次結佛眼印誦明。開五佛五大尊慧眼。

次金大日印明。於五佛五大尊圓滿五智四身總德。

次結誦五大尊總印。外五股印令備足其別德。

次施主向玉女方。行者在施主後方。持五股杵唱慈救咒。逆百遍順百遍加持從施主九穴追出邪氣障礙。其後以地結四方結等結界。

次六字觀音印咒。諸灌頂印明等。有口傳。委

六字觀音印明。 二小二無名內相叉。二中直立頭

相拄。以風付中指背。以大指押二無名指。　眞言曰。

ギャナ　ギャナ　ギャヒ　チ　カン　シュ　タ　ナ　メ　チ

二百七十四　邪氣加持口傳

師口云。此法先爲本病人用之。然者行者修力弱本病難治。依多分用邪氣障礙等加持亦狐着生靈死靈倶用之。

行者欲修此法沐浴清身體内衣幷袈裟衣等着淨衣。行病家時必可持五股杵。五股包清淨紙可持之。加持時乍包紙持之。是口傳也。又平生所信佛像及守本尊可懷中。而入病室病人令向玉女方。玉女方其日支三目又九目。例子日ナラハ寅方申方。餘准之。

行者向病人用加持作法。次誦祕鍵。有衆僧令誦之。誦了復用加持。加持了行者坐病人後誦慈救咒百遍又三百遍。丁寧取數誦之。但三百遍爲吉。然後又乍誦慈救咒五股杵當病人大髓骨上推之。男自左至右。女自右至左。次以五股推肩端。大髓左右肩三處各誦慈救咒七遍押之。合三七二十一遍也。次廿一度跡以五股可書字二十一遍其後行者向病人前令病人伸兩足。先兩足大指合目當五股。其跡以五股書字。然兩手大指端男從左至右女從右至左從大指端至小指端以五股推之。若生靈死靈野狐等出小指端。男右小指女左小指。行者以右大指頭指握病人小指端不可放之。作障礙者依加持力云出去。卒爾不可放之。必僞不出者也。或古狐假人名不言己着。或平日假加持僧名名乘者也。

又口傳云。死狐着不可加持。是不離者也。故知死狐必不可加持。

尙祕口云。邪氣加持觀念上可修阿字觀。是祕傳也。云云

二百七十五　病者加持作法畧

先護身法。如常。

次本尊印明。　次降三世避除結界。
次虚空網。　次火院。　次大三摩耶。
次行者心上觀二本尊種子三摩耶形自身成二本尊一熾盛燒二淨罪障病患一。即又觀レ尊種三成本尊行者與二病者一一體無二觀レ之。
次本尊印明結誦。　次搯二念珠一誦二本尊眞言一。百遍若千遍。
以二小三古印一加二持之一。
次搯二念珠一祈念。　次解界。

弘治三年八月廿五日
前大僧正隆源御自筆書二寫之一
慶長十四己酉二月廿四日於二和州長谷寺一書寫畢

法印性盛大和尚位　受與賢賀之

二百七十六
神氣平愈大事

右心ノ心ハサカ心カ心ニ不レ寄爲ス心モ。心ノ心ノ心トス。心ヲ心ノ爲リ。心ノ心タル心ヲ心タルハ路ツテ也。

先護身法。如レ常。　次送車輅。 [梵字]
次普印。無所不至　[梵字]
次文殊智拳印。　內二縛一兩地水火風四指立二大指一。歌云。

今日マテモヨカレト社ヲ思ヘドモ
明日ハ急キテ歸レ憂キ人

荒神ヲ祭ノ那那瀬ニ放ツナハ
今日ヨリ後ハ跡ヘカヘラシ

祟リナス神ヲ七瀬シ行ケレバ
今日ヨリノチハ跡ヘカヘラシ

今日モヨシ還サシトコソ思ヘドモ
急キ還レヤ本ノ栖カヘ

狐山玉ノイカキヲ打タタキ
我云事ヲキコシメセ神

夫天竺ニテ靈氣邪氣ヲ還ス時。大聖文殊ニ奉レ値彼歌ヲ示シ玉フ。其時內平愈ノ歌ト云也。云云

二百七十七　黑符口傳

靈氣疫病。一切諸病。大神小神。崇呑二此符一。皆即時ニ可ㇾ平癒ス。不可思議殊勝祕符也。

先磨ㇾ墨時慈救咒ヲ可ㇾ誦。書認ヲ後上ヲ墨可ㇾ塗二四方一。梵字隨二四季一可ㇾ書。春ハ無點。夏ハ修行點。秋菩提點。冬涅槃點。

〔梵字〕

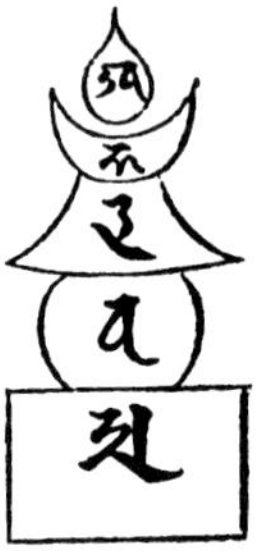

隨二此五字四季一ニ點ヲ可ㇾ懸。書畢ヲ滿〔梵字〕百遍或ハ千遍。急ナラハ早早可ㇾ念誦。然後可ㇾ呑ㇾ之。必スシルシ可ㇾ有ㇾ驗。云云

口傳云。靈氣病者令ㇾ呑二此符一者卽時離ㇾ口走事可ㇾ有ㇾ之。師資相傳也。可ㇾ祕。云云

二百七十八　天照大神黑符

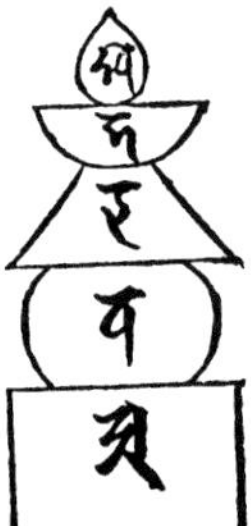

春　〔梵字〕
夏　〔梵字〕
秋　〔梵字〕
冬　〔梵字〕

右墨ヲスル時慈救咒ヲ誦スベシ。又右書調テ後丸メテ墨ヲヌリテ黑ニスル也。右開眼作法如ㇾ常。

次〔梵字〕或千遍。或百遍。

唵急如律令ヲ唱ヘ然而後病人ニ可ㇾ令ㇾ呑。

此祕符ハ律宗ノ祖師興正菩薩ガ天照大神ヨリ授リ玉ヒシ者ニシテ。靈氣疫病一切諸病大神小神ノ祟リニ呑マス時ハ。皆即時ニ平愈スベシ。不思議殊勝ノ神符ナリ。

二百七十九　年長打事

先護身法。如ㇾ常。

次弓上中下ニ字ヲ一字宛書ㇾ之。

開眼ニハ先護身法。

次佛眼印明大咒。三遍。

智拳印ニテ [梵字][梵字][梵字][梵字][梵字] 三遍。
次外五胋印ニテ [梵字][梵字][梵字][梵字][梵字]
次錫杖。一卷。 次心經。七卷。 次愛染咒。百遍。
南無八幡大菩薩百遍。 次摩利支天曳ソワカ百遍。
頓頓無餘念唯一念祈念シ又開眼如前。
私云。是最初ニ假名實名書テ。病者ニハ生ナラハ數イクツ死ナラハ數如何程ト定テ幾度モ祈念メ其後高ク善惡ノ斷リヲ我望ム事何程成ル能能唱擧テ。深觀ニ入テ持タル弓ニ向テ。ヨツタ〱ト幾度モ呼擧ル。其後寄ルハ則去タ〱ト云テ。左右上下ヘト呼。次數ヲ算用スル也。

二百八十 押諸病符

八葉ニ紙ヲ切リ。其內ニ[梵字]字幷ニ鬼ノ字ヲ書キ。[梵字]鬼ノ四方ニ[梵字]字ヲ四ツ書ク也。右ノ通ヲ八葉ニ一遍書キ。其上ニ右ノ二字ヲ四十八遍書キ消ス也。

如是一反書テ。其上ニ[梵字]鬼ノ二字ヲ四十八遍書テ消ス也。
右ノ符ヲ書ク間。慈救咒ヲ唱ヘル也。此符ヲ不知病ニ押シ。腹ノ水ヲ手ニテ押ス時ハ。病ノ樣子知レル也。又腫物其外知レタル病ニ押セバ忽チ癒ル也。 加持如常。

二百八十一 疫病加事作法

疫病護符

口傳云。[梵字]字不動。次下[梵字]字摩訶迦羅天大黑神也。餘七[梵字]字七母女天也。摩吒利神也。摩吒利者母梵語也。是行疫神也。此符摩吒利神曼荼羅也。不動[梵字]字大刀德。卽成大黑也。七母女天大黑眷屬也。云云[梵字]字亦眷屬也。理趣經七母女天段釋梵天與七母八供養也。書此符封テ後結誦加持佛眼印明。不動印明。幷大黒印明。七母女天印明令呑之也。私云。守書此曼荼羅能能供養可掛之也。

七母女天總印也。祕印 定拳立空當心鎚印也。 明曰。

[梵字]

梵天印。 右作蓮華拳安腰相着立左五指小屈其高小過肩。眞言曰。[梵字]

二百八十二 疫病不感守

加持念誦置左手持守。右手取數也。眞言曰。

[梵字]利眞馱耶[梵字] 廿一遍。

二百八十三 疱瘡除之符事

[梵字] 是書九可呑也。 守表書[梵字]裏書[梵字]

昔ヨリ約束ナレハイセハシカヤムトモ死セジ神アキノウナ
瘡我捨念一稱一禮 者是內符也。可祕可祕。

二百八十四 疫病落大事

四方四寸ニ紙ヲ切テ。古茶ヲコクー服程ヒロケテ。小刀ノ尖ニテ符ヲ書。

唵遁直正覺眞如來

加持曰。入佛眼印內大咒。三遍。

次[梵字] 三遍誦ノ落ス也。

次光明眞言。百廿一遍或百遍。 次念佛。百遍。

次天神御詠歌。卅三遍。

我憑ム人ヲ空ク成ス成ラハ
天カ下ニハ我名アラシナ

次文殊十一面可祈念。所作任意。祕法也。

二百八十五 疫病入大事

每自作是念 以何令衆生 得入無上道

速成就佛身

此文ヲ經木ニ書テ其ヲ四ニ切テ裏ニ其ノ人少ナ名ヲ書テ犬糞ヲ交ヘテ器ヘ入テ戌亥ノ角ニ可埋七日勤行其內ノ所作者不動慈救咒ヲ十萬遍所念スル也。

二百八十六 疱瘡咒

鬼鬼鬼鬼鬼鬼鬼鬼鬼
鬼鬼鬼鬼鬼鬼鬼鬼
鬼鬼鬼鬼鬼鬼鬼
鬼鬼鬼鬼鬼鬼
鬼鬼鬼鬼鬼
鬼鬼鬼鬼
鬼鬼鬼
鬼鬼
鬼

天王之御子六十二
隠急如律令

紙一枚ニ右ノ通リ書テ此上ニ年ノ數丈ケ糞ヲワゲテ其上ニ童子ヲ立タセテ其後童子ヲ枳里枳里咒訶利帝咒〔梵字〕ヲ誦シテ加持。次大豆四五粒頂上ヨリ落ス也。咒訖板ノ上ニテ紙モ糞モ燒テ川ヘ可流而彼守可令懸之也。

二百八十七 疱瘡除守咒事

先男ナラハ東方ノ水ヲ汲ミ女子ナラハ西方ノ水ヲ取リ次白大豆ザルニ入桶ニ入此ノ內ヘ水七升入也其後水ヨリ引上テ水ノ上書〔斋〕也。次ニ子ノ背ノ中ニ不啟動如是書也。次嚳ヲ水ノ上ニ三度カサス也此內ニ心經也ト不動咒也ト讀ム也次其水ヲ柄杓ニテ頂ニ三度カクル也次惟ヲ着テ加持スル也先錫杖次心經三卷藥師咒廿一遍其上金針ヲ以テ額ヲ三度打ツマネヲスル也。

守內符 〔梵字〕 一切除亂攝念山林
億千萬歲以求佛道

子ノ名ト姓ヲ書也又表ニハ〔梵字〕裏ニ持尊種子ヲ書也。

昔ヨリ約束ナレハ疱瘡ヘンカ病トモ
死ナシ神垣ノ內☆

疱瘡守事

若狹國小濱六郎左衛門子孫也　内符

疱瘡守ニ此ヲ家家ニハル口傳。瘡神若狹通ル時此ニ宿ス。疱瘡直ノヤルト誓テ。我カ子孫トアラハ向後爲恩守トヽ之。

鬼鬼鬼

[illegible][illegible]鬼鬼鬼　是計モ内符ニ書

鬼鬼鬼

一切除亂　稱念千林　億千萬歲　以求佛道　可祈念。

裏書事。依童男童女書之。

加持佛眼。大日。次大勝金剛咒。（千遍。）

次觀音經。（三十三卷。）次六觀音咒各。（千遍或百遍。）

次散供餠年數。鳥目年數。擲錫杖ニ祈念スル也。

二百十八　［口＋風］腫起請大事

先七社下ノ土ヲ取テ。我在處ヨリ東ノ方ヨリ一文カ酒ヲ買テ。熊野ノ牛王ヲ洗落テ。其水ニテ彼土ヲコネテ。五ツ丸メ。五輪ノ形ニ作テ。［口＋風］ト思處ニ針ヲ指テ。大社ノ下スケ笠ヲキセテ。七日ノ間九字ヲ十萬遍終テ。日日ニ詣メ可祈念也。又荒神咒一萬遍終リテ可祈念。必ス［口＋風］腫無疑。其後直サント思ハハ針ヲ拔人形ヲ碎キ七社下ヘ可歸。能能可祈念。

同

先菅ヲ人形ニ造リ鰯頭ヲ人形ノ中ヘ造リ籠メテ。桑木ノハリヲ左方ニ可指。七處釜ノ底土ヲ取リ。能能人形ニ塗リテ可煎也。本尊釜神ヲ祈念ス。

先錫杖（一卷。）心經（七卷。）火界咒（千遍。）重重可有口傳。

二百十九　治瘧法

先病者向南。其後ニ行者可居。

先護身法。次結界如常。次結彌陀定印可觀。病者心月輪有𑖪𑖽𑖮𑖳𑖽𑖝𑖿𑖨𑖯𑖾𑖮𑖿𑖨𑖱𑖾𑖀𑖾五字。𑖪𑖽字變成塔婆。塔婆變成大日尊。𑖮𑖳𑖽字變成五貼。五貼變成阿閦如來。𑖝𑖿𑖨𑖯𑖾字變成如意寶珠。寶珠變成寶生尊。𑖮𑖿𑖨𑖱𑖾字變成八葉紅蓮華。紅蓮華變成阿彌陀如來。𑖀𑖾字變成十字羯磨。十字羯磨變成不空成就佛。此五智如來成五大明王。𑖮𑖳𑖽字變成鈲。鈲變成不動明王。𑖪𑖽字變成五貼。五貼變成降三世明王。次𑖝𑖿𑖨𑖯𑖾字變成三貼。三貼變成軍荼利明王。𑖮𑖿𑖨𑖱𑖾字變成寶棒。寶棒變成大威德明王。𑖪𑖽字變成金剛牙。金剛牙變成金剛夜叉明王。不動明王降伏一切諸魔。降三世明王降伏天魔。軍荼利明王降伏心魔。大威德明王降伏人魔。金剛夜叉明王降伏地魔。

次慈救咒百遍滿病者加持。次立行者病者頂以頭指書不動明王。次病者肩拔左肩書降三世明王。胸書軍荼利明王。右肩書大威德明王。頂書金剛藥叉明王。背書五𑖎字。中書𑖧字上𑖎字𑖧字左𑖀字下𑖓字𑖧字右𑖀𑖾字也。前書𑖪𑖽𑖮𑖳𑖽𑖝𑖿𑖨𑖯𑖾𑖮𑖿𑖨𑖱𑖾𑖀𑖾五字。左書臂唵三摩耶薩埵𑖪𑖽。右腕(カイナ)書阿闍梨位眞言。額書𑖪𑖽。左書𑖮𑖿𑖨𑖱𑖾。右書𑖮𑖳𑖽。後居慈救咒百遍計滿後不見立行。

阿闍梨位眞言曰。𑖌𑖽(チン)𑖪𑖽(ハン)𑖭𑖨(サラ)𑖭(ソ)𑖎𑖿𑖬(キシ)𑖦(マ)𑖎(カ)𑖭(サ)𑖝(トヘ)𑖮𑖳𑖽(ウン)𑖮𑖳𑖽(ウン)

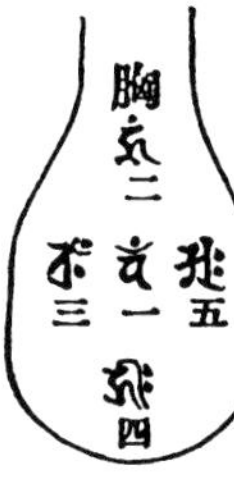

二百九十 瘧(ギャク)(チコ)之咒

口傳云。起日ノ朝。何方カラナリトモ。角木ヨリ順ニ數ヘテ。三起リ目ナラハ三本目ノタル木。四起リナラバ四本目ノタル木ニ。灸ヲ一トツスヘル也。又久フシテ起。日數不知時。二月目ナラハ二本目。三月目ナラバ三本目タル木ニスエルナリ。又一傳。起日宵病人令結外五股印。中指ニ挿ニ樒華一房一。行者後結ニ誦灌頂ノ諸印明一。次ニ令レ落ニ樒華一也。偖テ光明眞言彌陀六字符書。加持シテ宵起リ日朝ニ可レ令レ呑也。

二百九十一 治ニ積氣一呪

病人ノ書ニ年ヲ

女ハ都テ圖ノ右ヨリ書キ始メ。男ハ圖ノ左リヨリ書キ始ム。

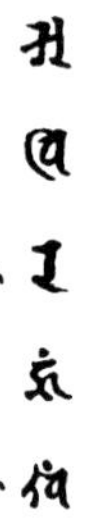

右書キ了テ又ハ小瓶又ハ竹筒ニ圖畫ヲ折テ入レテ。小サキ白豆ヲ病人ノ年ノ數丈畫ノ上ニ竝ベ。其ノ上ニ味噌ヲヒロゲ。其上ニ鹽ヲ置キ。鹽ノ上ニ字ヲ書キ。蓋フタヲシテ糸又ハ紙捻カンゼヨリニテ十文字ニククリ。人ニ知ラヌ様ニ四ツ辻ニ埋ムベシ。但シ病人ニ埋メサスベシ。祈念等ハ任意。

二百九十二 虫腹卽治法

秋スギテ冬ノハジメハ十月ヨリ霜雪フリテ虫ノネモナシ

秋風ハ冬ノハジメニタツモノヲ木葉モカルルムシモシヅマル

右二首ノ歌ヲ紅ニテ皿ニカキ。水ニテオトシ呑マスベシ。奇妙ニ癒ル。

二百九十三 齒蝕ムシクイハ之符事

表

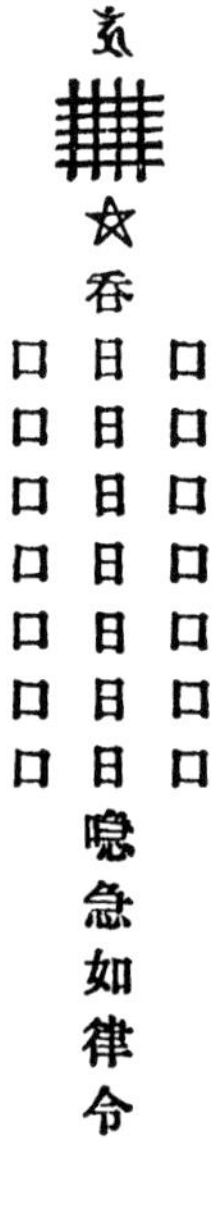

裏

ト書也。

二百九十四 治ニ齒痛一呪

天道ノ	南ノ隅	ニ桃植	テ歯ヲ	食蟲ヲ	セイバ	イニス	ル	姓名	何十何歳 女男 ☆	歯痛平愈祈	唸急如律令

紙横ハ金ノ一尺七歩。竪ハ金ノ三寸。

如キ圖紙ヲ三十六ニ折リ。歌等ヲ書キ。祈念了テ三十六ニ折リ。祇ニテ包ミ。釘ヲ以テ柱ニ打付ル也。但シ釘ヲ打ツ處ハ三十六ニ折リタル眞中也。

☆ 赤字也。

姓名

何十何歳男又ハ女

歯痛平愈祈

男 女 ☆

（圖中ノ點線ハ朱書也）

右ノ如ク書テ。其上ニ筆ニテ九字ヲ切リ。又其上ヲ刀印ニテ九字ヲ切ル也。

二百九十五　魚骨立咽喉時拔之咒

若シ人魚骨立ツ喉ニ時ハ以墨ヲ皿ニ書キ[梵字][梵字][梵字][梵字][梵字]。以水洗ヒ之。祈念シテ令チ呑之。即チ拔ル也。尚不ル拔時ハ書キ[梵字][梵字][梵字][梵字][梵字]ト如ク前ノ以水洗ヒ之。祈念シテ可呑之。

二百九十六　田虫食損祈禱札　前大僧正覺源傳

[梵字（ア）][梵字（ハラ）][梵字（ジ）][梵字（タ）]　天　口口月　田蟲　消除

[梵字（メ）][梵字（ラン）][梵字（ザ）][梵字（ハラ）]

[梵字（ナ）][梵字（サ）][梵字（フ）][梵字（マ）]　天　口口口山唸急如律令

[梵字（カ）][梵字（ヒ）][梵字（シヤ）][梵字（アザ）][梵字（ヤ）]　田天口日月　穀、麥　増長

梵字ハ無能勝總持隨求大明王也。祈禱祈念開眼等ハ任意也。書板札ニ田之四方ニ立之也。

二百九十七　禁苗稼等虫咒

[梵字（ナウ）][梵字（ボ）][梵字（ボ）][梵字（ダ）][梵字（ヤ）][梵字（サン）][梵字（キリ）][梵字（ミリ）][梵字（セン）][梵字（ニ）][梵字（ミリ）][梵字（リ）][梵字（セン）][梵字（ニ）][梵字（セン）][梵字（ニ）][梵字（マン）][梵字（ダ）][梵字（ヤ）]

[梵字][梵字]

右咒ヲ符形ニモ用之誦咒可祈念。是佛説止風經ニ説也。

二百九十八　柱梁等虫除符

左ノ歌ヲ卯月八日ニ書キ。柱梁等ニ逆ニ押サバ。蟲ノ付カザルヿ妙ナリ。

　昔ヨリ卯月八日ハ吉日ト

　　神サゲ蟲ノ成敗ヲスル

修驗深祕行法符咒集卷第九

二百九十九　金縛六事

先護身法。如常。　次五大尊總印。外五股印

東方降三世明王　南方軍荼利明王

西方大威德明王　北方金剛夜叉明王

中央不動明王

搦取惡靈死靈不搦取明王不覺不可過之。

次兩刀印。右左手作刀互打三度。

[梵字] バク バク エイ ソ ワ カ

次召請印。兩手風火屈以大指押甲地水伸立。

[梵字] ベン カ エイ [梵字] [梵字]

次智拳印。口傳。

　年ヲ經テ身ヲ古留郷ノ荒御前

　　繋キ留メケン下タ枉ノツマ　三遍。

次内縛印。以大指締火水地。　[梵字] [梵字] [梵字] [梵字] [梵字]

　天地ノ間ニ廣クセキヲナシ

　　萬物一體一印ニ伏ス

不動一字明。　[梵字] 極祕。

次左轉法輪印。　印付左乳邊引締。

童子シメロヤシメズンバヲクベカラス

[梵字] ヒ シ ヒ シ カ ラ カ ラ ヒ キ メイ ロ キ ナ ヤ [梵字] [梵字]　三遍。

[梵字] 極極祕也。

是深深極祕之觀想而上來一千座滿修之上。唯授一人之證文傳之。祕中祕法也。可祕可祕。

三百　解界法

右轉法輪印。眞言曰。
ナウマクサンマンダバザラダンタラタアボキャセンダマカロシャ
タウンタラマヤタラマヤウンタラタカンマン
右祕法者役君繫縛一言主命祕術也。甚祕甚祕。

三百一　不動明王金縛之大事　金剛縛法

先護身法。如常。　次獨股印。不動獨股印也。
定慧內縛二風立合。右大指上之。隨誦明空指强可縮之。明者慈救咒也。始終不解印。
次火界咒。五十遍。　次訶梨帝母咒。五十遍。
オンチビチビチニソワカ
オントドマリキャキテイソワカ
次尊勝陀羅尼。七遍。
但初一遍如常。後六遍不加ソワカ句。每唱一遍大指强縮也。

三百二　金縛許大事　解縛法。

先千手印明。蓮華合掌。二大二小開立。
オンバザラダルマキリソワカ
南無千手千眼生生世世化祐者。一聞名號滅重罪。無量佛果得成就。三遍。
次撥遣。彈指三遍。
オンバザラボキシャモク
已上畢。
然尊勝陀羅尼急時難唱。仍可用尊勝小咒幷除障佛頂咒。但是極急時用心也。常用之不可也。
尊勝佛頂小咒。
オンアミリタテイジャバテイソワカ
除障佛頂咒。
ナマクサマンダタダナンカリンビキラナハンソウウンシュニシャソロカ。
昔寬延二己巳年三月　大阿闍梨正徧示

三百三　足留之口決

先結界。或一町半町一里三里。可隨時宜。
不動刀鞘印。左右轉慈救咒。

次訶利帝咒百遍乃至隨意祈願。（チントドマリキャキテイ）

次一七日修不動金縛法。

又右手作拳舒頭指。以慈救咒招寄。

願至一七日精進念不動尊。祉頭縛駒狗足。ロイ。

三百四　西大寺流走人盜賊足留

朱書押紙云

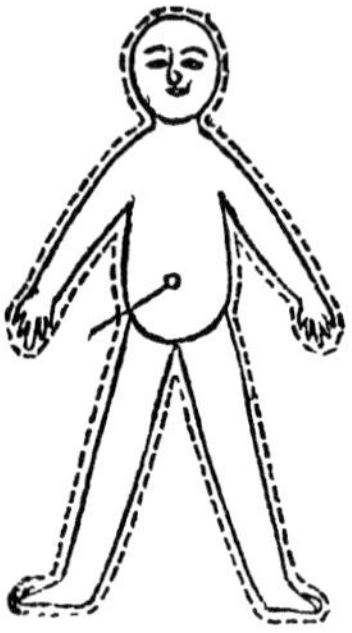

此守ヲ拵ヘ。出タル處ノ口ヘ張リ置ク時ハ。七日ノ間ニ返ルカ。其處知ルル也。其時ハ此守ヲ直ニ持參サスベシ。若シ又知レザレバ針ヲ以テ形ノ外邊ヲサス也。サス時ハ口ノ內ニテ荒神ノ呪ヲ念誦スル也。針ハ其儘サシ置クベシ。最初ハ腹ノ中ニ針ヲサシ置クヿ。

內　何年男女隐急如律令　是ヲ包ニ劍鋒守ニ卽左ニ

符　甲弓山鬼神大急用　外紙ヘ包此劍鋒書御守護。

三百五　呼識之大事　夫妻下人等ノ家出タルヲ還ス事

先東ヘ指タ胡桃子枝ヲ念珠ノ糸ニテ引廻シテ結ビ。光明眞言一萬遍。心經七卷ヅツ七日木ノ本ニテ加持シテ。其後符形ヲ作テ。不動ト云文字ヲ書テ。履物ニ指シテ三辻ニ埋ムベシ。聽テ還ルヿ無疑。千金莫傳。有唯授一人口傳也。

三百六　還人祕事

楊ノ杖ヲ以テ月ノ字ヲ兩ノ草履ニ書テ。向エツキ出ス樣ニスル也。

三百七　虛空呼人名事

百體ノ五輪ノ空大ヲ削リコケヲ取リ。墨ニ〆衆人ノ名ヲ書也。家ノ內ニ可差。又ハ千本ノ率都婆アル戒名ヲ取リ集メテ。墨ニテ諸人ノ名ヲ書テ。夜行ノ時呼ヘハ卽返事スル也。

三百八 衆人愛敬大事

先外縛二中立合。(カンマン)
次內縛二中立合。(シヤクウンバン)
次伸左右五指相柱端以二地二頭押二空甲。
次(ウンバンアラタンナウウン)
次心經。三卷。　次愛染咒。ソワカ 廿一遍。
次十一面咒。廿一遍。

衆人愛敬大事

先　內縛二火立合。
次　內縛二火立合。
次　伸左右五指相柱端以二地押二頭指。
次心經。三卷。　次愛染咒。廿一遍。
次十一面咒。廿一遍。
次愛染五字
次十一面 (アラシヤキリク)

能能無餘念可祈請也畢。

三百九 敬愛之口傳事

柳ノ東ヘ指タル枝ヲ切テ。人形ヲ二作ヲ。男女ノ姓名ヲ書。和合メ念珠ノ糸ニテ三所結テ。散供五穀ヲ添テ。道ノ辻ニ埋テ。朝日ニ向テ七日順ニ心經四十卷。可讀也。妙見一字金〇　愛染王可加持也。硯ノ水ニハ落合ノ河水ヲ可用也。

同大事。男女ノ本卦ノ本尊ノ種子ヲ朱ニテ中央ニ書テ。八方ノ種子ニハ墨書之。有口傳。或傳ニハ慈救愛染ノ咒ヲ交テ誦ル也。

三百十 生家養者方

一歳	八	十六	二十四	三十二
四十	四十一	四十八	五十六	六十四
七十二	八十	八十一	八十八	九十六
百四	百十二			

右生家卯方　養者未申方
二　九　十七　二十五　三十三
四十二　四十九　五十七　六十五　七十三
八十二　八十九　九十七　百五　百十三
右生家丑寅　養者午
三　十　十八　二十六　三十四
四十三　五十　五十八　六十六　七十四
八十三　九十　九十八　百六　百十四
右生家戌亥　養者丑寅
四　十一　十九　二十七　三十五
四十四　五十一　五十九　六十七　七十五
八十四　九十一　九十九　百七　百十五
右生家酉　養者子
五　十二　二十　二十八　三十六
四十五　五十二　六十　六十八　七十六
八十五　九十二　百　百八　百十六
右生家辰巳　養者戌亥

六　十三　二十一　二十九　三十七
四十六　五十三　六十一　六十九　七十七
八十六　九十三　百一　百九　百十七
右生家未申　養者酉
七　十四　二十二　三十　三十八
四十七　五十四　六十二　七十　七十八
八十八　九十四　百二　百十　百十八
右生家午　養者子
十五　二十三　三十一　三十九　五十五
六十三　七十一　七十九　九十五　百三
百十一　百十九
右生家子　養者午

右以釋迦院法務前大僧正有雅大和尚御本寫焉畢

三百十一　取子之大事

朝露日
正月子。二月丑。三月寅。四月卯。五月辰。六月巳。七月午。八月未。九月申。十月酉。十一月戌。十二月亥。
此日ヲ能能見分テ可取也。
無所不至印。破有法王出現隨衆生慾種種說法。
智拳印。　[梵字]
外五古印　[梵字]
生ルルモソタツモ知ラヌ人ノ子ヲ
神カツラカケテ神ノ子ニセン
十二ヶ月十二返。閏月ノ年十三返。　以上。

三百十二　千手愛法

鴛鴦一雙作生拔取尾。雄鳥尾書夫姓名。雌鳥尾書妻姓名。共以朱砂書之。其書樣尾莖右方書姓左方書名。

如是書了。以文字書方相合。以糸結本以紙包之。捻上下誦佛眼眞言。次誦千手陀羅尼五十遍加持之。

結願之後以紙卷之以續飯封之。續目上下ニ書[梵字]字。其中ニ書[梵字]字合三字也。如此書了。送施主之許令懸其頸也。右男女相背時可作之。是敬愛之法也。
千手千眼合藥經云。若有夫妻不和狀如水火者。取鴛鴦尾於大悲心像前呪一千八遍帶身上。彼此歡喜終身相愛敬之。云云　此作法卽依此文意也。

三百十三　戀合呪

紙ニテ人形カタ二ツ調ヘ。男女姓名干支年ヲ書キ。二ツ向キ合シテ糸ニテ能能クヽリ包ミ。上ニ左ノ通リ書キ。
伊弉諾尊
伊弉册尊　猿田彦明神
愛染ノ眞言ヲ唱ヘテ祈念シ。左ノ歌ヲヨミ。
世ノ中ハ三ツヨノ神ノチカイニテ
ヲモフアイダノ中トコソ[梵字]
右人形守ヲ。思フサル方ヘ一夜枕ニセシムベシ。

三百十四　離別法

男ヨリ女ヲ離別セント思ハバ。女ノ着物ノ襟ニ本人ノ知ラサル様ニシテ此符ヲ入レ置クベシ。女ヨリ男ヲ離別セント思ハバ。男ノ着物ノ襟ニ入レ置クベシ。　此符ヲ書クニハ二又川（フタマタ）ノ水ニテ。未タ別レサル處。正サニ別レントスル處ノ水ヲ以テ書クベシ。又此符ヲ書ク墨ヘ。茗荷ト山鳥ノ尾トヲ黒燒ニシテ加ヘ用ル也。　加持ニハ觀音經。心經。金輪咒。荒神咒ヲ以テ能能祈願スル也。

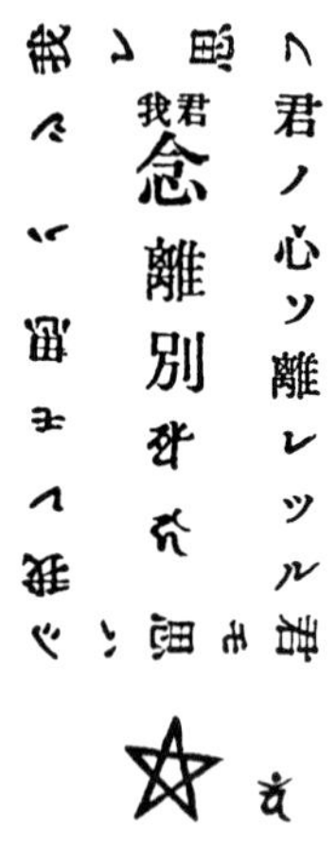

女ナレバ[梵字]字替リニ[梵字]字ヲ用ユ。

別大事

薛（スケ）ノ木人形ヲ作テ男女ノ姓名ヲ書テ。背合テ中間ニ山鳥ノ羽ヲ加入テ枕ニ懸。糸ニテ四所ヲ結テ辻ニ埋テ。朝日ニ向テ七日逆ニ心經七卷宛誦。五穀ヲ可供也。妙見ノ咒一字ノ咒愛染ヲ加持メ男女ノ往來ノ門戸ノ下ニ可埋也。墨人ヲ燒タルヲ可用也。　表[梵字][梵字][梵字]　水ニハ別河ノ水ヲ用ル也。有口傳。

同大事。　人形ヲ切テ男ノ胸ニハ[梵字]字ヲ書キ。女ノ胸ニハ[梵字]字ヲ書テ。足毛馬ノ瓜ヲサゲ。枕下ニ可置。次荒神ノ咒百遍。九字ヲ逆ニ可繰。日三度宛七日可讀。水ハ如前。同[梵字]字ヲ書テ竪ニ立テ放テ折箸ノ中ニ入テ男ニ可令喰。其後彼ノ箸ヲ河ノ四方ニ立テ。心經三卷。九字七遍。愛染ノ咒逆ニ百遍宛七日修メ。其後河ヘ可流。必可離別也。又曰。山鳥ノ羽ヲ尋テ可置也。是肝要也。

内符ノ口傳云。人形ヲ書テ左右ノ手ヲヒロカセテ。兩ノ手尖（サキ）ニ鬼ノ字ヲ書ク。同ク足ヲモ如此。頂上ト兩ノ耳ノ尖ト以上七處可書。同様ニ人形ヲ二人作ル也。二人ノ姓名ヲ書也。胸ニ障礙神ト書事口傳也。口傳云。山鳥ノ引尾ヲ取リ二人ノ姓名ヲ書也。女カ男ヲ嫌ハバ女ニ可レ懸也。無レ疑聽而離別ス。

三百十五 月水留守

先三身眞言。

[梵字]

次隨求小咒。

[梵字]（バラバラサンバラサンバラインヂリヤビシュダニウン）
[梵字]（ウンロロシャレイ）

● 此黒星大而其内ニ

ほの〲と明石が浦の朝ぎりに

右ノ如ク歌ノ上ノ句計リ書レ之。然シテ

其人名歳息災延命無血犯所願成辨如律令

右ノ如ク書テ守ニ可レ封。

三百十六 同加持作法

開眼印明。如レ常。 灌頂印明。

次ニ守ヲ前ニ置キ。閉塔ノ印ニテ[梵字]三遍。次ニ三身眞言。隨求小咒各百遍ヅツ誦レ之。次ニ上ノ歌ノ上ノ句計リ唱ヘテ祈念スベシ。尤モ祈願ノ文ハ其人ノ名ト歳トヲ云テ。息災延命無血犯七十日或二百日所願成辨如律令ト能能祈念スベシ。

三百十七 流出守

先三身眞言。 隨求小咒。如レ上。

● 如レ此黒星ヲ大ニシテ其内ニ。

島隱れ行く船をしぞ思ふ

如レ右歌下句ト其人名歳書如レ上。

三百十八 同加持作法

開塔ノ印ニテ守ヲ取テ[梵字]三遍。次ニ歌ノ下ノ句ヲ唱ヘテ祈願ス。文ハ其人ノ年ト名トヲ唱ヘ。息災延命有血犯所願成辨如律令ト如レ右能能祈念スベシ。

此守傳授ノ後。多クノ人ニ遣ハシ試ルニ。口傳ノ通リ五十日七十日守取替迄經水無之。依テ為後日記之。

無血犯守上書

表

上包　無血犯御守

流出守上書如前

上包　有血犯御守

裏

三百十九　月水延之符

火火火鬼
火火火鬼　隐急如律令
火火火鬼

血ノ道ハ父ト母トノ血ノ道ヨ
血ノミ千留メヨ血ノミ千ノ神

同法符

隐急如律令　延日日數丈此符ヲ呑マスベシ。

三百二十　月水之守

三界唯一心　心外無別法　心佛及衆生
是三無差別

歌曰。

元ヨリモ塵ニマシワル我レ成レハ
汚穢モ不淨モ何カクルシ哉

三百二十一　月水清大事

先拔一本七五三也。　次札一枚偈曰。札ハ弊串ニ指ス。

以本清淨水　洗灌無垢身
不捨本誓故　衆生我受持

次開眼。如常。　地結印

次四方結印。

次無所不至印。[梵字][梵字][梵字][梵字][梵字][梵字]
次歌云。
大空ニ塵リ計ナル雲出テテ
月之障ト成ソ悲キ
元ヨリモ塵ニ交ル我レ成レハ
月ノ障モ如何クルシキ
サラサラト流テ落ル瀧之水
澄シテ還ス七瀧之水
右所念可ニ任意ニ者也。鹽ヲ拂側ニ置テ加持ノ水ニ
入テアビセ。道ニ捨ル也。云云

三百二十二　求子之大事

口傳。行法中卷ニ入レ可レ知也。觀音經祕鍵ヲ紙ニ書
テ。勝軍木ヲ以テ人形ニ作テ。子ヲ願女ノ寢屋ノ
下ノ地ニ埋ムル也。次[梵字][梵字][梵字][梵字][梵字]ノ五字宛丸メ。
酒ニテモ水ニテモ呑セヨ。則男符ヲ呑タル時ハ
不レ可レ嫁。則子ニ到來スル也。重重口傳。唯授一人ノ
符ヲ合事無用也。

三百二十三　同大事行法藥法

三朋朋朋朋[梵字]
[梵字][梵字]月月月[梵字]噫急如律令　三月
三朋朋朋朋[梵字]
[梵字]胎胎
[梵字][梵字]胎胎開噫急如律令　三月
[梵字]胎胎

[梵字]
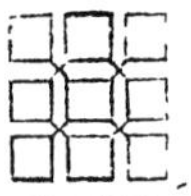
生
噫急如律令　三月

已上三月宛守九ケ月ノ分也。表裏有リ口傳。

同苻之事　一月後有リ口イ一

男陽月可レ用。女陰卦。陰月可レ用。陽卦。陽卦可レ用。[梵字]字。
有リ口傳。陰卦可レ用。[梵字]字ノ也。千金莫レ傳。卍總斷卦立レ陽。連卦立レ陰。

三百二十四 求子符

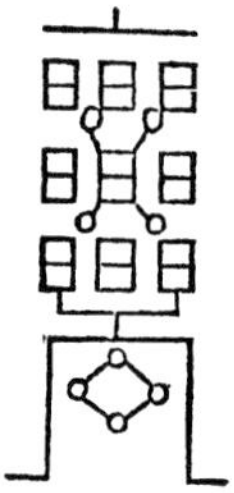

鬼隠急如律令

若有女人難生子。取薄紙以朱砂作此符字。百八遍加持令呑之。即孕姙。生若男若女等莫生疑。努努以千金妄莫傳之。密教故也。
加持眞言如意輪明。　初結印後誦明。
印。　外縛二大竝立。二風寶形。二水伸立。二小立交。
口傳云。小豆七粒加持令呑之也。
［梵字］（メテダハンドメイウン）
小豆加持眞言
［梵字］（シヤキヤラメリチシンダマニマカハンドメイロロナシエタシンペラ）
［梵字］（アキリシヤヤウン）

三百二十五 愛染明王求子 祕口

若人思生男子女子取石菖蒲書其性名。大呪千遍誦之。加持三日了。以後可令呑之。即隨心所望男子女人可生。云云
仰云。二手外縛二中指寶形。心咒十五萬遍。大咒十萬遍。五字咒五萬遍誦之。云云
千心僧正求子口傳云。取彼女人生氣方水以藥師咒千遍加持水。以此水書大咒及隨求陀羅尼金剛童子咒等令繫彼女人。不久得姙。云云
口云。其母寅時藥師次釋迦次金剛童子次觀音次寶塔等一一可念之。不久間得娠也。

三百二十六 變子之符守事

［梵字］ 生蛙國隠急如律令　一
［梵字］ 四坊印生蛙隠急如律令　二
［梵字］ 同子子子子子子隠急如律令　三

此符ヲ始ノ三月中三日後三タビ妊者ニ可懸。縦ヒ定業也共不可有恙。前ヘ寄ル共次ノ月ヘ延ル共所念任意。譬ヘ其月ニ當リタリ氏不苦守也。可

祕可㆑祕。

三百二十七　變成男女子大事

先護身法。如㆑常。　內符云。

𤪻崩□□□□□□□□十鬼隠急如律令

此肌守也。帶ノ事也。又寢下ニモ可㆑敷也。又七粒宛廿一遍。可㆑呑。妊者三月ノ內ナラハ必女子變メ男子可㆑成。若疑有ラハ鷄卵ノ生レタル時。此符ヲ書テ卵ノ下ニ置テ見ヨ。皆男鳥ニ成ル也。

〔梵字〕惠大惠刀也。　〔梵字〕

大日印。　二手外縛。二中如㆓釼形㆒。二頭付㆓二中背㆒。

眞言曰。〔梵字〕

祈禱。　心經。百卷。　十一面咒。千遍。　仁王經。一部。

大金剛輪咒印。　每日修㆑之。

〔梵字〕表書。　〔梵字〕字有㆓口傳㆒可㆑祕。書㆓〔梵字〕㆒有㆓意得㆒也。

變成男子法

〔梵字〕廧□□□□□□□□十鬼隠急如律令

妊者三ヶ月ノ內ナレバ必ズ男子トナル也。此符ヲ書テ懷中シ。又守ニモシテ。居ル處寢ル時モ下ニ敷ク也。而シテ此符ヲ每日七粒ツヽ二十一日ノ間可㆑呑。加持ハ

〔梵字〕

十一面咒。千遍。　金剛童子咒。千遍。

〔梵字〕

仁王經。　心經。各百卷。

右不審ナレバ。鷄ノ子ウミタル時。此符ヲ書テ其下ニ置テ試ミルベシ

三百二十八　難產變子變胎守事

先硯ノ水ヲ天醫ノ方カ其日ノ鬭神ノ方ノ水ヲ汲テ。硯水ニメ加持〔梵字〕廿一遍。水天咒。廿一遍。

次念珠ヲ摺テ。佛水法淸淨婆婆賀。三遍。

墨摺也。是內符書口傳也。是後ハ無用也。內符ヲ

書テ置テ。種種ノ法有ル口傳ニ能能延役ト云也。

若以色見我
前ヘ寄ルニハ以ニ音
如唵急如律令
見其人生年性ヲ聲
能書月ヲ越モ可ㇾ求
不ㇾ用ㇾ之也　我
是人行邪道

祈念南無藥師十二神。若有ニ懷姙者ニ未ㇾ辨ニ其男女ヲ安樂產ニ福子ヲ以ニ聞香力ニ故乾元亨利貞唵急如律令☆

此内符表裏任意

同呑ㇾ符事。　七日宛呑ヨ。伊勢有ニロイ。九字書ニ大豆ニ畢。可ㇾ祕可ㇾ祕。

三百二十九　姙者帶加持

私云。帶長一丈二尺。或八尺。或六尺。六ニ疊ㇾ之。帶ヲ置チ佛前ニ祈念。三古ノ印。軍茶利ノ咒。以ニ散杖ニ加ニ持香水ヲ。帶ノ中ニ以ニ香水ヲ書ニ易產陀羅尼ヲ。

次以ニ大日藥師孔雀明王不動一字眞言ヲ加ニ持之ヲ。

易產陀羅尼。　（オン）ホキャロニ（ソワカ）

又眞言。　（オン）ボソロソロキャシンギャラメタラコシンツシンシャタラシャボ

シヤボクキタキサラメメヤナウリヤソワカタニヤタアドベイ
ソワカ

決定成就眞言。　（オン）メザラヤソワカ

金剛解脫眞言。　（オン）メザラハラキシャボクソワカ

三百三十　易產護符

加持易產陀羅尼

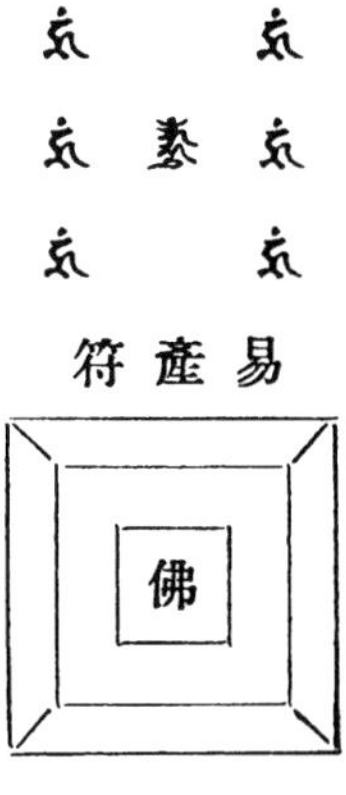

薄樣ニ書ニ此符ヲ小揉

臨ニ產生ニ時令ㇾ呑ㇾ之。

弓箭ノ印ニテ誦ニウンコクウン（ソワカ）ヲ可ㇾ加ニ持之ヲ。

易產護符

人平生丸力

右ノ字ヲ一字ツツ切リ。五粒ニシテ次第ニ令ㇾ呑ㇾ之。是祕スル心ナリ。又伊勢ノ二字ヲ書テ二

粒ニモ又ハ一粒ニモスル傳アリ。

先護身法。

次佛眼印明。　次大日印明。　右開眼印明。

次加持眞言。　准胝咒。　不動慈救咒。　大元咒。

易産陀羅尼。　ホラニ〳〵

心經。三巻。　次六字咒。

ギャチギャチウギャヒチカンシュ〳〵タチスチ

安産符

鬼
鬼鬼
女女女
子成就

小サキ紙ニ書之此法ハイカ程難産ニテモ平産スル也。

安産符

生
生生
永永
隐急如律令

三百三十一　安産握符

鬼生羅　餓畜修
地獄　南無阿彌陀佛
菩緣聲　薩覺聞

弓ノ本ハツレテ洗ヒシ其水ニテ此符ヲ呑ム也。而シテ

大般若ハラ身女ノ祈禱ニハ

一二ヲスンデ産ノヒモ解ク

書右歌可挾頭毛。右開眼慈救咒千遍。

三百三十二　難産呑生兒手握生符

魘
子子子
隐急善壽

生子握符大事

先産ノ砌ニ母ニ此ノ符ヲ可呑ウツキノ青實ノ汁ヲ以テ永字ヲ書テ呑セヨ。握ル亅決定也。

伊勢黑符事。　伊勢𡍲永嗚急如律令

同後物不落時符曰。若以色見我　以音聲求我

三百三十三　難産之御符

鬼是手弧頭匣靜
佛王土形留十坂
[梵字]南無阿彌陀佛
畢地獄道餓鬼道畜生道修羅道人道天道
開

男ハ左女ハ右ノ手ニ持チ生ルルナリ。千金莫傳。唯授一人。祕中之祕。

三百三十四　產兒湯加持　湯加持ノ人暫ク有穢氣云云

先於湯側護身法。

次令酌其湯於杓以枳里枳里又ハ[梵字][梵字]加持之。次唱大日五字不動大威德六字賀利帝五種眞言。次第ニ加持之。其後沐湯間滿不動眞言。慈救咒。

已上先師僧正宗意御傳。三寶院口傳云。湯加持ニハ軍荼利小咒。又ハ孔雀明王咒。云云

三百三十五　母衣之大事　ホロチカケハジムルナ　母衣エナニタトエル

先懸時向玉女懸之。　無所不至印

南無東方延命　南無南方延命

南無西方延命　南無北方延命

南無中央延命

次刀兵等文自在御守護垂玉へ

三百三十六　乳不出吉符形之大事

妙法蓮華經。此文ヲ書テ符ニメ。藥ヲ一束ニ切テ。天目ニ三盃ノ水ヲ入レ。七分ニ煎メ可呑也。

祈念ニハ水神ノ咒聲ヲ切テ桑ヲ供シ。能能可ニ祈念。祕事也。

同符事。[梵字][梵字]ノ字ノ涅槃點ヲ略メ。三粒苻テ桑ノ皮ヲ實間ヲ削リ。短ク切テ天目七分ニ煎メ。彼苻ヲ可呑。

次八字文殊ノ咒ヲ書テ。逆ニ戸口ニ可押。

次彌陀定印ニメ。[梵字][梵字][梵字][梵字][梵字][梵字][梵字][梵字]　文殊一印。

三百三十七　留小兒夜泣加持法

先小兒臍書[梵字]字。次ナウサタナウサムミヤクサンホタクチナウタニヤタランシヤレイソレイシユンテイソワカ七遍。

留小兒夜啼法

取犬ノ頭ノ下ノ毛縫裹囊入囊以掛小兒ノ兩手忽泣止。云云

私云。以准胝ノ眞言加持之。仰二手內縛立合二中指。屈二頭指附二中指上節。開二大指附二頭指側。

眞言曰。

[梵字]　シヤレイソレイソンデイソワカ　七遍。

[梵字]　マニラキヤンデイソワカ　孔雀明王眞言。

又臍上作圓字。　師云。異本ニハ田字也。云云

三百三十八　子不持呪

此符ニ蚊ノ頭ノ白キ者ヲ黑燒ニシテ。八重山吹ヲ蔭干ニシテ刻ミ用ル時ハ。效驗奇妙ナルベシ。

流水月

三百三十九　大槌小槌呪

槌ニ生テモ不苦知。圖有別。

一生タル處ヲ取置辰巳ノ土ニ生處ノ土ヲ可流河海。

一粢三ツ赤飯酒可埋生處。

一辰巳ノ方ニ置土付荒神心經三卷　慈救呪百遍　荒神呪百遍。

一彼供物ヲ不可令爲女。

一下佛供不令喰于人可流河。

一乘可遺土除札。此札丑刁柱向外可押。

一生以前用此札。又生前付龜名。

[梵字]　日月淨明德佛龜　東西南北　[梵字]

已上付生子呪也。

大小槌トハ世ニ庚申ノ前七日ヲ小。後七日ヲ大ト云。重テ七日カ十二日カ亦前後違カ師ニ尋セヨト。槌ニ生ル子ハ短命トテ。延命ノ法ヲ祈ル。耻ヲ顯ス心カ槌丸於槌ト名ク。

三百四十 元服大事

先護身法。

次智拳印　次外獅子印　次內獅子印

三百四十一 長生法

印。二手金剛拳安腰。　ナチマカナチ

三百四十二 能延六月法

先向病人加持。其後何法隨意可祈念。

見我身者發菩提心　根本印。

聞我名者斷惡修善　劍印。

聽我說者得大智慧　智拳印。

知我心者卽得成佛　無所不至印

祕口云。右內智拳印時左風觀施主命風。先其命風右空押。餘所不遺留置可祈念。定業必死者一旦延命也。可祕可祕。

三百四十三 延命招魂作法

先護身法。如常。

次以散杖加持各二十一遍加持。如常。

次以散杖洒香水衣服上三度。

次以三股誦軍荼利小咒右旋加持衣服二十一遍。

次結活命印。二手外縛。十指作縛三度來去。十指一度動誦眞言一度。然者十指三度動眞言三遍。

唵引　縛日羅二合。薩埵吽引弱

次唱偈。金剛合掌。

大哉一切正覺尊　諸佛大智無有上

能令死者有情身　去識還來得活命

三百四十四 眠臥法

小野海僧正云。入睡眠時右脇誦此明。

メザラシャニム

除一切惡夢法驗早得。

マカシリエイジリベイ

三百四十五　見善夢時大事

南無福德幸須彌功德王菩薩（三遍。）

三百四十六　見惡夢時違大事

先拂一本。九七五三。口傳

次切人形。小刀ノ頭ニテ書〔梵字〕〔梵字〕〔梵字〕〔梵字〕〔梵字〕。隨四節懸點ケ開眼。

（如常。）次人形ヲ持手歌（三遍宛三。）誦三種ノ歌。一遍ニ一遍宛吹掛息。

其歌云。

夜見ツル今夜ノ夢ハ惡カラシ

違ヒ遣ル戶ノ下ニ寢ヌレハ（三遍。）

大原哉三狩ノ歌ニ立鹿モ

違ヲスレハ許ルサレニケリ

奥山ノ根無シ葛（カツラ）ヲ見ツル夢

事無草ニ見ユル也ケリ（皆三遍宛。）

次拂ヒ人形ヲ一宛取テ祈念シテ曰。

當願衆生　慚愧具足　如來諸天　人民機見

最初妙童菩薩ト（三遍。）　次心經錫杖等任意。

同大事

先護身法。（如常。）　次外五貼印。　〔梵字〕〔梵字〕〔梵字〕〔梵字〕〔梵字〕

次無所不至印。　〔梵字〕〔梵字〕〔梵字〕〔梵字〕〔梵字〕

次八葉印。　〔梵字〕〔梵字〕〔梵字〕〔梵字〕　次頌曰。

消除惡夢須彌功德神變應如來。唵急如律令

又歌云。

長キ夜ノ逗尾ノ睡ノ夢醒テ

波乘リ船ノ音ノ吉哉（三遍。）

三百四十七　夢違之大事

八字文殊印明（內縛立二大。）　〔梵字〕〔梵字〕〔梵字〕〔梵字〕〔梵字〕〔梵字〕〔梵字〕〔梵字〕

大威德印明（內縛立二中。）　〔梵字〕〔梵字〕〔梵字〕〔梵字〕〔梵字〕

一切有爲法　如夢幻泡影　如露亦如電

應作如是觀

右此大事從醍醐三寶院經藏出之。可祕可祕。

法印性盛

三百四十八　大威德明王惡夢隱沒法

先於寢所結彌陀定印作布字觀。〔梵字〕頂上。〔梵字〕心上。〔梵字〕臍眼。
次內三股印。一風直立。四處加持。
〔梵字〕（シュチリキャラロハウンケン）
次右咒百遍或千遍誦之。

三百四十九　惡夢滅除法

八字文殊印明。內縛二大竝立。
〔梵字〕（アビラウンキャシャラタン）

三百五十　返惡夢符形

〔符〕鬼隠急如律令

三百五十一　婬欲罪滅法

右中五指右拳申頭指左掌中三度押。

〔梵字〕三遍。
此法最可修法之。小野流中深祕也。

修驗深祕行法符咒集卷第十

三百五十二　密嚴上人臨終印

毘盧那如法華印。五字明。其印二手內縛二空竝立少離風空間。〔梵字〕

三百五十三　臨終大事

中性院賴瑜臨終之時印明事
外縛中指蓮葉明。〔梵字〕計涅嚩羅羅惹〔梵字〕三遍。
此時九品ノ蓮臺ハ性德ノ心蓮ニ開クト仰セアリキ。身心ヲマギラカサンガタメニ。身ノ字ハ身ニテ候ゾト仰セアリキ。又同キ印ニテ中指ヲ月輪ノ形ニ結テ。〔梵字〕三尊ノ來迎ハ本有ノ心月ニ現ルト仰セアリキ。其後外縛ニシテ是マデコソアラメト。餘リニ苦シク候心ニ成テ死シ候ハント仰セケレバ御心安マデニコソ候ハンズレ。御ヤドリ候ヘト被申ケレバ則臨終也。或人此印授實範聖人云。外縛二火蓮葉生死纒縛開佛性心蓮義也。實範感心之餘落涙無極也。

天文三暦七月廿五日　授與賴了全雄

傳授大阿闍梨權少僧都左學頭忠雅

天文廿二年潤正月三日　授與性盛

傳授大阿闍梨權大僧都法印賴雄

天正十六年五月廿一日　授與堅瑜

傳授性盛

臨終大事

師主至極灌頂已後。外縛印二空入内誦𑖀字。印凡聖十界當體十指此也。𑖀字十界不二心法又十界息風也。故此息風息時死。雖然息風無生滅去來也。雖此生生彼息風之直體不受滅不見去來。故爲息風唱全體𑖀字雖死去全是不出十界。故結十界印誦十界心法𑖀字也。然間色法無十界差別。本有五大故心法無凡聖迷悟。𑖀息風故。已上面示口決。最極穴賢。云云

紀州根來寺中性院第四代聖憲法印薩州莊嚴寺明憲同寺十輪院空範明範瑜云。憲卅餘隨逐聖憲云云

尾州名古屋彌勒院弘任傳吉見息障院　祐傳同吉見淨光坊

令泉秀嚴武州藍上　祐全法印寶藏寺

裏書　聖憲　弘任　縛印

明憲　同寺　十輪院

三百五十四　不動極祕臨終大事

二手外縛二中立合。獨股印。口傳重。　歸命𑖀

次文曰。

一持祕密咒　生生而加護　奉持修行者
猶如薄伽梵

次南無大日大聖不動明王惡魔降伏今入解脫道（三遍）

次頌文。　前印不改。

見我身者　發菩提心　聞我名者　斷惡修善
聽我說者　得大智慧　知我心者　即身成佛

次𑖮𑖯𑖽十遍（口傳重重）（外縛二大入內。）

爰本有無相觀。留心可思議大日不二法身自心成佛理。不可他見。

次所願。　金剛合掌。

南無大日大聖不動明王臨終正念哀愍加護即證菩提。

爰有相觀。偏奉念不動明王不可有餘念。云云

眞言者臨終通用大事

三百五十五　不動斷末魔大事

印。　智拳印。

明。

ナウマク　サンマンダ　バサラダン　センダ　マカロシャダ　ソハタヤ　ウンタラタ（行者實名）　カンマン

印口云。左風指不動明王。餘地水火風四指不動寶磐石座。右大指行者。餘地水火風四指四大明王也。或觀四大童子。明王頂上蓮華即密嚴淨土。行者戴彼蓮華上。四大明王圍繞行者。故諸魔不能障礙往生所願淨土可觀也。或云。左風指端付右空指。不動行者爲一體也。即行者坐不動頂上蓮葉。是則上品蓮臺也。云云

師口云。末魔者此云斷節。所謂臨死此身壞滅時風力起吹破三百六十骨肉節節。其風力利苦以百千劍如截割。故云斷節。死苦者即是也。此法力不思議故一度修之者三日之中有功驗。何況每日修之者哉。每日修此作法人免此苦安住正念。云云是祕中之祕深中之深也。不可他見。不空三藏御臨終大事是也。云云可祕可祕。

三百五十六　引導作法

（有口傳）先如常可授戒名。　次智拳印。（口傳）　唱曰。

不レ捨ニ於此身一　逮ニ得神境通一　遊ニ歩大空位一
而成ニ身祕密一
同印。[a vi ra hūṃ khaṃ]。　次佛眼印明。
次金剛合掌血脈相承。我名下連ニ亡者名一。
次撥遣如來拳印。
口傳[hūṃ]字。三遍。私云。疏云。遊歩是不住義。勝進義。神變義也。文

引導大事

先護身法。　次燒香。　次小三貼印。加ニ持亡者一。
眞言曰。[oṃ] [a(ア)] [mṛ(ミリ)] [te(テイ)] [hūṃ(ウン)] [phaṭ(ハッタ)]
次不動三種印。
根本印。火界咒。　劒印。慈救咒。　無所不至印。一字咒。
次結界。降三世印明。順逆各三遍。
次授戒。唱ニ戒名一。
不レ捨ニ於此身一　金剛拳安レ腰。
逮ニ得神境通一　左拳安レ腰。

遊歩大空位　前印伸レ風。
而成身祕密　成ニ智拳印一。
同印。[a vi ra hūṃ khaṃ]　金剛合掌。[oṃ]二十一遍。
次血脈祕印明等授レ之。　次如來拳印。[hūṃ]口傳

引導祕法

先護身法。　次燒香。
次破地獄印。外縛二中立合劒形。
[oṃ] [サン] [マ] [ユ] [カン] [マ] [カ] [サン] [マ] [ユ] [カン]
次胎大日印。外五貼。　[a vi ra hūṃ khaṃ]
次金大日印。智拳印。　[vaṃ hūṃ trāḥ hrīḥ aḥ]
次普利衆生印。口傳
若人求ニ佛慧一左　通ニ達菩提心一右　父母所レ生身
速證ニ大覺位一
次亡者六大加持。
地大　[a]　外五股印。
水大　[vaṃ]　八葉印。

火大　𑖨𑖼　三角火輪。
風大　𑖮𑖼　轉法輪印。
空大　𑖏𑖼　虛心合掌二空入掌。
識大　𑖮𑖳𑖽　外縛二空入掌。口傳

已上眞言皆加歸命句。
覺鑁上人祕口傳最極說也。依此加持速歸法性心空云云
師口云。前識大印口傳者。八葉白蓮一肘間。炳現阿字素光色。禪智倶入金剛縛。召入如來寂靜智。外縛二大入內不二。是云蓮月𑖀也。內縛外縛印倶唱右文事同也。次內縛倶入二空。是云月蓮𑖀也。就此印引導眼目在茲。佛果得脫無疑者也。

修驗宗引導作法

護身法。
次成佛法印。二手內縛二中劍形。或蓮。眞言曰。
[梵字]（サンマエイ カンマカサンマエイ）

次智拳印。羯磨咒。外五貼印。五字咒。
次普利衆生印。
右半印　𑖀　若人求佛慧
左半印　[梵字]　通達菩提心
兩合　[梵字]　父母所生身
卽散　[梵字]　卽證大覺位
次六大印明。謂
𑖀　地　外五貼印
𑖪　水　八葉印
𑖨　火　火輪印
𑖮　風　轉法輪印
𑖏　空　無所不至印
𑖮𑖳𑖽　識　外縛二空入掌
次六大本有印明。口傳
右大事甚深可祕勿忽緖。云云
口訣。右半金拳。左半蓮拳。兩合如來拳。卽散如文。
文政三庚辰年菊月廿二日授者永朝　龍光院尊興

三百五十七　父母成佛法

先塔印（ニテ）𑖀𑖪𑖰𑖨𑖮𑖳𑖽𑖏𑖽（三遍）。經曰。
是印言能消除一切障礙苦惱得一切佛智身矣。
次彌陀定印。[梵字]（サ タ ナウ シャ ム）（三遍）。經曰。
是印言辟除一切怨敵煩惱諸垢速得金剛身。
右印父母成佛眞言（千遍或百遍）誦之（或立或居）。除百億萬刧重罪則爲二親成佛。云云

三百五十八　自身引導作法

歸命本覺心法身　金合。
常住妙法心蓮臺　八葉。
智慧爲燈明　供養自心中　心王大日尊
心數曼茶羅　三界唯一心　心外無別法
自身自供養　色心不二故

自身引導作法

歸命本覺心法身（外縛）　常住妙法心蓮臺（八葉）
本來具足三身德（外五股）　三十七尊住心城（智拳）
普門塵數諸三昧（法界定印）　遠離因果法然具（外縛二股大脂叉）
無邊德海本圓滿（外縛）　還我頂禮心諸佛（內縛）
觀想外五貼內住三十七尊周遍法界光明赫赫而成蓮華地。
右
古來稱自身引導者原自我修驗宗門流出而殊爲淵源。如彼台東二密亦傳之者。蓋我門之支流耳。因書顚末以示法裔云。

自身引導大事

先八葉敷曼茶羅明𑖀　次外縛引覆明𑖪𑖽
次智拳印引導明𑖀　次引導大事。
私云。地獄極樂之事。禪宗立一念上厭破彼念間。地獄極樂見本來無物不立也。扨自宗意。地獄極樂本來無始物體。立置不厭地獄不求極樂也。且立靜妄念至一如。又不出十界也。其十界者心

蓮葉也。然一如處有十界也。牛馬禽獸等迄心蓮葉無濕。然衆生不出十界一如義故厭地獄欣極樂也。故此衆生等死滅滯中有。又輪廻也。云輪廻必以引生輪廻不意得也。不出一如道理而生。云輪廻也。覺生生覺眞實凡身卽佛也。云云厭生禪宗意歟。宗意滅聽生深意也。有中有且非凡身故也。引生隨緣滅不通道理也。然拒生立不隨二義也。

一引導。

問云。上所云及迷人死滅時是等何引導助耶。答云。自受生初及死滅時自然成三密修行。答彼十界一如果體顯也。是法然本有上因行得果次第也。總不限有情非情草木等上根芽衛生姿五黜行目懸果實因行也。草木等皆風雨寒熱等受苦受處雖爲地獄顚倒可至菓實行共故也。如何改之求極樂乎。柳翠華紅當體如實智自心全體也。受苦受樂姿皆無非六大所作。有情又如此。入生死門內受壞行苦三苦是皆可至涅槃行苦也。若厭此生死苦求涅槃樂生死波浪外似求涅槃平湛水。涅槃心水動立生死波浪也。靜波涅槃寂靜也。然情非情自然凝行苦。雖死滅至十界一如處。不出因行得果內證。故引向亡魂依身示如此道理云引導也。

問云。亡魂無分別也。如何受示乎。答云。岩松無心風來吟。如此樹林雖無分別智也。具六大心性故吐松風颯颯聲也。爾情非情簡異入死門有情有微細心性故直受示事不可有疑者也。打響打不響生死替也。有法性六大六根如何無受用乎。總寒與衣熱擧扇飢與食渴施水事爾也。又不與尙爾也。但可住天然。所以者何。諸苦皆修行苦非別苦。如何厭厭爾有苦不思苦行苦無苦思苦苦可有。若受苦故爲無苦自宗實義不可有。依不知此等道理沈輪生死也。如此不冷煖自知唯分名義必可墮無間者也。能能以心傳心。云云

三百五十九 光明眞言土砂加持大事

智拳印。外五貼印。內五貼印。無所不至印。五色光印。右伸五指。指天左申五指。指地入葉印。理拳印。光明眞言各七遍。仍四十九遍。

土砂加持用此作法。爲祕事。云云

三寶院嫡嫡相承之祕傳。云云

傳授大阿闍梨法印性盛

三百六十 光明眞言破地獄曼荼羅

光明眞言破地獄曼荼羅者生死出離之大祕法。重罪頓滅之大神咒也。彼咒砂之功德既破地獄之門。開菩提道。具如經說。長舌無欺。誰不可不信矣。

自大日如來至某甲何十何代今授某甲

年號　月　日

傳法大阿闍梨某甲

三百六十一　亡者曳覆曼荼羅

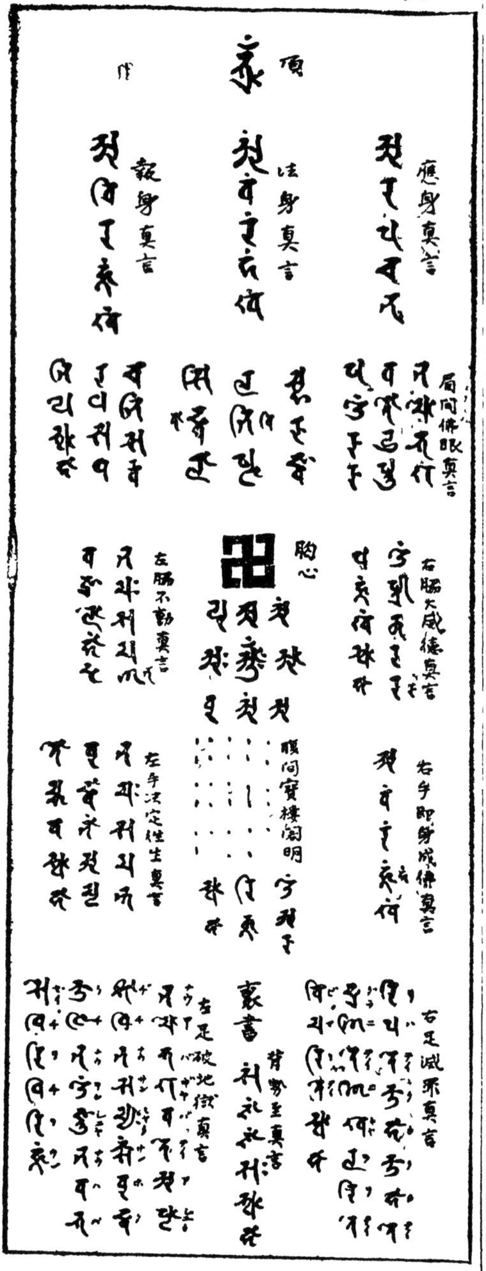

三百六十二　穢氣之大事

護身法。　無所不至印。三界唯一心。心外無別法。　歌曰。
本ヨリモチリユマチワル神ナレハ
ケカレ不浄モイカテアルヘキ
口云。千卷心經。初一卷用ニ此作法。云云

三百六十三　汙穢不淨除法

智拳印。　光明眞言七遍
外五股印　光明眞言七遍
無所不至印　光明眞言七遍
施無畏印記一除之用一彌陀定印。　光明眞言七遍
三瓣寶印　光明眞言七遍

合掌以二空捻水中文以二風押空上。

八葉印　光明眞言七遍

智拳印　光明眞言七遍

右ハ弘法大師天照大神百日參詣。滿日於途中引導無緣死人破行。其時天照大神出現授此法于大師。遂成就百日行。最極殊勝妙祕。云云

汙穢不淨除法 一說

金剛合掌　〔梵字〕三遍。

外五股印　〔梵字〕三遍。

無所不至　〔梵字〕三遍。

法界定印　觀想以〔梵字〕字智火燒煩惱薪。以〔梵字〕字智水洗煩惱垢。以〔梵字〕字風力吹拂煩惱雲霧。

三百六十四　墓燒留之法

歸命〔梵字〕　是書八榓葉誦陀羅尼順巡墓可散榓也。

次引導祕印等授之。回向肝要也。可祕可祕。

三百六十五　棺分之事

私云。此法ハ子ヲ孕ミナガラ母子共ニ死シタル時葬ル法也。土葬火葬共ニ用之。

符形

如是紙ヲ切テ五字ノ咒ヲ書クナリ

加持。八葉印。日天咒七遍。

念誦。日天咒百遍。又千遍。或一萬遍。

口傳云。經被衣計リノ時ハ。經被衣ノ外ヘ彼ノ符ノ文字ヲ內ノ身ノ方ヘ向ケ。死人ノ腰ヘ付ルナリ。若又白木綿ノ衣物アル時ハ。白衣ト經被衣トノ間ニ。右ノ如キ文字ヲ內ヘ向ケテ張リ付ルナリ。自分導師ノ時ハ別人ニ此ヲ作サシメテ可ナリ。

符形導師書不苦。入棺時如是也。可祕可祕。

三百六十六　亡魂來留事

漆(ウルシ)ノ木ヲ倒ニシテ率都婆ニ削リ

[梵字][梵字][梵字][梵字][梵字]

[梵字]　三界唯一心　心外無別法

[梵字]　心佛及衆生　是三無差別

一切有爲法　如夢幻泡影　如露亦如電

應作如是觀

願以此功德　普及於一切　我等與衆生

皆共成佛道

爲何何信士信女也

次開眼印言如法ニ修レ之。

次降三世印明結誦之塔婆チ墓所ニ立レ之。

三百六十七　三途河大事

施無畏。光明眞言。　天照太神文曰。

所レ犯煩惱　以ニ神力一故　日日滅滅　悉到ニ彼岸一

歌云。

神頼ム人仁懸ケン罪過ヲ

佛明(キヨ)メヨ彼河水

三百六十八　塔婆書樣之事

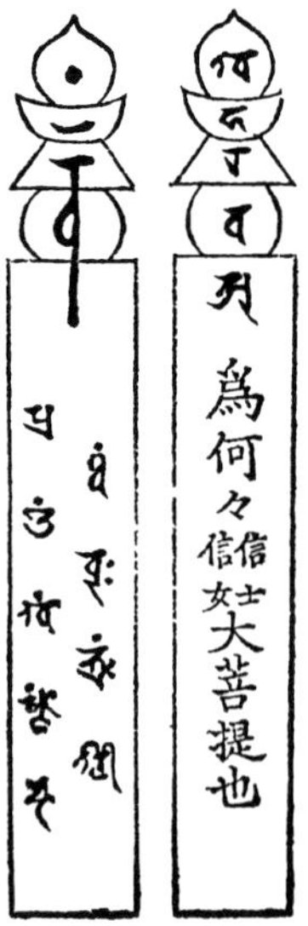

三百六十九　日率都婆作法

佛眼印明。如レ常。　三身印明。如レ常。

無所不至印。　[梵字](オン)[梵字](コ)[梵字](ロ)[梵字](く)[梵字](ジヤ)[梵字](ナ)[梵字](ボタ)[梵字](ケイ)[梵字](ソワ)[梵字](カ)三遍。

蘇悉地印明。　二手作ニ金拳一。右ヘ上左下相重ヌ。

[梵字][梵字](メ)[梵字](ガラ)[梵字](サン)[梵字](チ)[梵字](メン)

開眼ノ時ノ觀相。如レ常。

日率都婆大事

我體卽率都婆ノ故別不レ造ニ五體五輪一開眼供養スル也。

佛眼印明。如常。小咒曰。(梵字)ホタロシヤネイソワカ三遍。
大日印明。　(梵字)
次無所不至。　(梵字)
次外五貼印。　(梵字)
次血脈相承。

日率都婆大事 御作

次彌陀定印。我則　(梵字)
次佛眼印明。如常　次外五貼印明　(梵字)
次無所不至印明　(梵字)　次智拳印明　(梵字)
次金合(梵字)廿一遍。
次灌頂印
　灌頂者先無所不至歸命(梵字)
　光明眞言廿一遍
　次外五貼　(梵字)
次金剛合掌。　大師寶號廿一遍。　千金莫傳而已。

覺鑁上人日率都婆大事

書率都婆面文曰。(梵字)　又(梵字)
　裏書文曰。(梵字)
此一字五輪之體也。以下南無大師遍照金剛
次灌頂祕印明。　次佛眼眞言。五遍。口傳
觀三寶造立矣。問。其意如何。答。率都婆即佛法。眞
言者法寶。遍照者僧法也。

三百七十　率都婆開眼大事

先調木加持硯。　不動刀印慈救咒。　次降三世大咒各七遍。
次摺墨其間慈救咒。百遍。其後書之。
次如來拳印眞言曰。(梵字)
次無所不至印眞言各三遍。
法(梵字)　報(梵字)　應(梵字)
次降三世眞言。大咒五遍。

三百七十一　佛菩薩幷五輪率都婆開眼之事

先三禮。　次普禮。　次着座。　次辦供。叙印(梵字)

次燒₂名香₁。　次摺ᴸ珠本尊ノ三密與₂我三密₁平等平等無二無別。施主ノ三密與₂我三密₁平等平等無₂一無別₁。置ᴸ珠。　次塗香。　次三密觀。𑖮𑖳𑖽三遍。
次淨三業。三部。被甲。　次加持香水。
次加持供物。　小三貼。　枳里枳里縛日羅吽發吒
次取₂珠數香呂₁金丁₂。或不ᴸ打。

新₂令造立供養₁ヘリ五輪塔婆一本一基「佛菩薩「形像「一躰「右塔五輪之時
爲ᴸ奉ᴸ圓₂滿妙相₁佛眼印明。金丁₁。
私云。佛菩薩開₂青蓮慈悲ノ御眼₁爲ᴸ奉ᴸ令₂五眼具足₁。
又明王天等開₂忿怒ノ御眼₁爲ᴸ奉ᴸ令₂五眼具足₁。又五
輪置₂香呂₁當₂風輪₁佛眼ノ印明五遍結₂誦之₁可ᴸ開₂五眼₁。

佛菩薩明王天等ナラ
當₂兩眉兩眼眉間₁

次取₂香呂₁爲ᴸ奉ᴸ圓₂滿セシメ五智四身恒沙ノ萬德₁。
大日ノ印明。金丁₁。　置₂テ香呂₁大日印明チ可₂結誦₁。

外五貼印。　𑖀𑖪𑖰𑖨𑖮𑖳𑖽𑖏𑖽
次三身印明。
法身　無所不至印。　𑖀𑖪𑖽𑖨𑖽𑖮𑖽𑖏𑖽三遍。
報身　散₂二風₁空火相捻。　𑖀𑖪𑖰𑖨𑖮𑖳𑖽𑖏𑖽三遍。
應身　散₂一火二風₁空水相捻。　𑖀𑖨𑖢𑖓𑖡三遍。
次金打₂。讀₂表白₁。若無ンハ表白₁可ᴸ讀₂理趣經₁。

三百七十二　鉢作法

先佛前供。三匙。
加持。　三貼印。　𑖌𑖼𑖀𑖦𑖴𑖝𑖸𑖮𑖳𑖽𑖣𑖘𑖿（アミリテイウンハッタ）
供養。　普印。　普供養印明。　若ハ𑖌𑖼字。
偈頌。　普印。　上獻三寶等。
次不動。三匙。
根本印。　施殘食明。　鉞印。　慈救咒。
𑖡𑖦𑖾𑖭𑖦𑖡𑖿𑖝𑖪𑖕𑖿𑖨𑖯𑖜𑖯𑖽𑖝𑖿𑖨𑖘𑖿𑖀𑖦𑖺𑖑𑖓𑖜𑖿𑖚𑖦𑖮𑖯𑖨𑖺𑖬𑖜（ナウマクサンマンダバザラダンタラタアボキャセンダマカロシャナ）
𑖭𑖿𑖣𑖘𑖧𑖮𑖳𑖽𑖝𑖿𑖨𑖯𑖦𑖧𑖝𑖿𑖨𑖯𑖦𑖧𑖮𑖳𑖽𑖝𑖿𑖨𑖘𑖿𑖮𑖯𑖽𑖦𑖯𑖽（ソハタヤウンタラマヤタラマヤウンタラタカンマン）
次賀利帝。三匙。　金剛合掌。

〔梵字〕ドドマリキャキテイ〔梵字〕

次餓鬼印明（在別。）

右（裏書）手伸五指。大中相捻。以頭召之。

〔梵字〕ボテイリキャリタリタタギャタヤ

次開咽喉印。前印弾指。（三度。）真言曰。

〔梵字〕ナウマクサラバタタギャタバロキテイウンサンバラくウン

三百七十三　靈供作法事

向供所蹲踞。先護身法。（如常。）次飯。總加持食物。

小三貼印明曰。〔梵字〕（七遍。）

次同印。〔梵字〕（加持。廿一遍。）次取箸飯上横竪立之。

次大鉤召印。歸命〔梵字〕（某名）〔梵字〕エイケイエイキ（加四攝印）〔梵字〕ジャクウンバン〔梵字〕

次小三貼印。唱〔梵字〕〔梵字〕〔梵字〕鉢印供養。

次普供養印言。（三遍。）次五色光印。光明真言。（廿一遍。）

次施甘露印。舒仰右五指舞勢。後伏三度舞勢。

歸命〔梵字〕

九條錫杖或三條。

次華座。八葉印。乘此印奉送上天可念。

次弾指三度。〔梵字〕バサラボキシャボク

靈供作法

先護身法。（如常。）次加持供物（小三古印）枳哩枳哩真言。

次〔梵字〕字觀。法界定印。

次大鉤召印言。（呪末南無地藏聖靈六趣四生名唱之三度。）

曩莫三曼多母駄南惡薩縛多羅鉢羅地賀帝怛

他蘗黨矩舍冐地車利耶婆梨普羅迦娑婆賀

次取飯熏燒香（右手作三古印）誦〔梵字〕字捧頂上誦〔梵字〕字作之。

次普供養印言三力。（如常。）次竪箸。次讀經。

次奉送弾指。（三度。）唵〔梵字〕縛〔梵字〕日羅〔梵字〕穆〔梵字〕叉〔梵字〕穆〔梵字〕

次普禮。大鉤召言。

歸命阿（入）薩羅縛怛羅波羅地賀帝怛他蘗怛救

灑菩地捨哩耶波梨菩羅迦（某名字習之）弱吽鑁斛ヒ

イケイエイキ娑婆訶

慶長十四年二月晦日　　授與賢賀
法印性盛

三百七十四　靈供立箸事

箸即金剛界也。是有正後二知。一義云。立一德水事也。從鑁靈水取寄受飯意也。一義云。地水火風空之五大也。折敷方形而地大也。飯圓形而水大也。立箸意得火風空也。一義云。大江貞元三河入道寂秀法然入唐渡天時。出日本月七月八日。從唐土渡天竺日七月八日也。然日本有一人娘。日日備靈供。或時靈供飯天竺間渡八百里流沙河時。橋本飯一膳浮來。取此飯分半分供共與也。依之靈供飯分也。其以後丸飯置靈供上告。是丸飯初也。又一義。水大也。水大形圓形也。色白色也。灌水大然也。

三百七十五　施食畧作法　粥同之

先總加持供物。右手小三貼水空相捻。　軍荼利咒。
[梵字]アミリテイウンハッタ
次火輪印。　[梵字]
次愛染咒。　內縛立禪智。　[梵字]
次生飯三盤分之。　次普供養印明。　次金剛合掌。
誦偈曰。
上獻三寶　中報四恩　下及三途　悉皆飽滿
次不動印言。　根本印。施殘食明。
ナウマクサンマンダバザラダンタラタアボキャセンダマカロシャ
ダソワタヤウンタラマヤウンタラタカンマン
次賀利帝母印言。　金剛合掌。
[梵字]トトマ利キャキテイ[梵字]三遍。

法印性盛

三百七十六　施餓鬼作法　水

先六道羣類召請印。
大鈎召眞言曰。[梵字]六遍。召請六道衆生義也。
次水食加持印。小三貼印。空水合。眞言曰。[梵字]三遍。

次施無畏印。眞言曰。阿彌陀大咒三遍。
次水移ス食器一。次馬頭印眞言。[illegible]六遍。
此印先定慧和合スル人道。地地獄道。水餓鬼道。火畜生道。風修羅道。空天道。云云
次撥遣　右彈指三遍。眞言[illegible]　水施餓鬼用之。
千手地　正觀音餓　馬頭畜　十一面修　准胝人　如意輪天。配當六觀音上。
傳授　性盛法印

修驗施餓鬼作法

傳曰。以二一淨器一盛二飲食一。淨水灌ニテ之。乃對二食器一向二東方一居或立。發二廣大慈悲心一。普召二一切餓鬼等一。應二如法修一。
又施スハ地ニ於二淸淨地無キ人行處或池邊樹下一。但不レ得レ寫スコト桃李楊柳石榴ザクロ樹上一。
先合掌　次誦レ之。
南无十方佛　南无十方法　南无十方僧
南无大悲觀世音菩薩摩訶薩　偈曰。

神咒加持淨飲食　布施恒沙衆鬼神
願皆飽滿捨慳心　速脫幽冥生善道
歸依三寶發菩提　究竟得成無上覺
功德無邊盡未來　一切衆生同法食

眞言。金剛合掌
[illegible]七遍。
[illegible]七遍。
[illegible]七遍。

次五如來。至心稱二五如來名號一。金剛合掌各三反。
寶生 [illegible] 南赤 南无過去寶勝如來　除慳貪福智圓滿 [illegible]
阿閦 [illegible] 東青 南无妙色身如來　破醜陋圓滿相好 [illegible]
彌陀 [illegible] 西白 南无甘露王如來　灌法身心令受快樂 [illegible]
大日 [illegible] 中央黃 南无廣博身如來　咽喉廣大飲食受用 [illegible]
釋迦 [illegible] 北黑 南无離怖畏如來　恐怖悉除離餓鬼趣 [illegible]
次光明眞言。廿一反。或一百反。

[illegible] hūṃ phaṭ svāhā

此真言末加hūṃ phaṭ svāhā句。高祖遺敎。而役氏時唱之。勿怪無餘宗。特餓鬼可加之。句義有面授。

次大隨求隨心眞言。

oṃ bhara bhara saṃbhara saṃbhara indriya viśodhani hūṃ hūṃ ru ru cale svāhā 三反。

次大佛頂如來心咒。

tadyathā oṃ anale anale viśade viśade vīra vajradhare bandha bandhani vajrapāṇi phaṭ hūṃ trūṃ phaṭ svāhā 三反。

次本覺讃。如常一返。八句頌。

汝等鬼神衆　我今施汝供　此食遍十方
一切鬼神供一遍。
願以此功德　普及於一切　我等與衆生
皆共成佛道一遍。

南无十方佛　南无十方法　南无十方僧
南无本師釋迦牟尼佛　南无多寶佛
南无十方分身釋迦牟尼佛　南无妙法蓮華經
南无文殊師利菩薩　南无普賢菩薩

後唄丁
處世界如虛空　如蓮華不着水
心淸淨超於彼　稽首禮無上尊。丁三禮。

彈指。[illegible]三反。

修驗深祕行法符咒續集目次

修驗深祕行法符咒續集卷上

一　阿闍梨行位印 灌頂經說

兩手中指無名指甲以大指甲押。輪兩頭指小指各各合甲。

（ヘ　ザッソ　キ　シ　マ　マ　カ）サメ八合閉 三部五部 ロイ

二　總許可八字文殊印

如大慧刀印面授。

三　一字金輪一切時處成就畧法

一字心印。　智拳印

曩○南

勝身印。　立金合二中指如青蓮華葉。屈二頭指各着二中指背上節。（チンホツ）

口云。想大指表結跏坐。中指頭指表佛身。中指無名指表光焰。兩腕表大覺獅子座。念誦一百八返。

畢

四　修法時語餘言事

經曰。若欲共語人卽想舌上有監字。卽誦眞言。

嚂網囉跋折囉婆沙三反或七反。

五　兵法九字大事 胎立

先護身法。

多門天	針印
持國天	金剛輪
增長天	外獅子
廣目天	內獅子
軍荼利	外縛印
降三世	內縛印
金剛夜叉	智拳印
大威金剛德	日輪印
中央不動	寶甁印 ロイ

七難卽滅七福卽生心願圓滿

一太子　二朱雀　三文王

四玄武　五三諦　六白虎

七玉女　八九陳　九青龍

次可念。略之。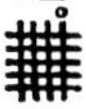　三五七九隨時。

ロイ向日輪切畢。輪內左書光字。右吽字。

一說云。九字ヲ切ル。今一字入テ下字ニスルヿ

有リ。通用ノ時吉ト入ル。切時堅切入也。又一說

云。切畢テ彈指メ[梵字][梵字][梵字]ト三反。　已上。

六　普賢延命根本印咒

二手各作金剛拳。以二頭指右押左。相鉤安頂上。卽

誦金剛壽命陀羅尼。

[梵字]嚩折羅諭師某甲莎訶

七　除橫死難祕印

二手合掌。二水二風折入內並立二大。眞言訖招。三反。

[梵字][梵字][梵字][梵字][梵字][梵字][梵字][梵字][梵字]（ナマサマンダボダナンベイキャソワカ）

次內五股印。眞言訖。以風指招三反。

[梵字]

次合掌。　明藥師小咒。　畢

八　藥師大咒療病印　口決

先藥壺印。　立右无名指二大指押。是觀藥壺。

本尊大咒。　三反唱云。業病氣病除四大病。

一大指ヲ以テ無名指ヲ三度磨下シ。一切衆生ノ

[梵字]字地大腰ヨリ下ノ諸病ヲ治スト觀シ。

大咒三反。

又二大ニテ无名指ノ向ノ方ヲ三度下ヘナデ下

シ。一切衆生ノ[梵字]字水大腹中ノ諸病ヲ治スト

觀ス。　大咒三反。

又同前ノ方ヲ三度ナデ下シ。一切衆生ノ[梵字]字火

大胸ノ間ノ諸病ヲ治スト觀シ。　大咒三反。

又同上ヘ三度ナデ上テ。一切衆生ノ[梵字]字風大肩

ヨリ上頭中ノ一切ノ諸病ヲ治スト觀シ。
大咒十二反。
是卽十二大願ヲ表スルナリ。此加持尤深忞也。
畢。

九　摩利支天日所作

先護身法。　次天扇印。金剛輪印
[梵字]曳莎訶
次寶瓶印。ロイ
寶瓶之內有日輪。日輪之中有我身。我身卽日輪。
日輪卽我身。天眼不能見。況於鬼神乎。
卌　鬼[梵字]唸急如律令
次正念誦。百反　[梵字]
次鞭頂戴。　畢

十　天蓋印明　黑子千妙寺口決

[梵字]

十一　火焔制止印明

曩〇南[梵字]

十二　智証大師示火印明

二印。
[梵字]
慈眼視衆生　福聚海無量
是卽空海ノ水ヲ以テ火風ヲソソク義ナリ。畢。

十三　不動尊祕印

初箇印。無所不至印。（十方究竟圓滿如來思・金剛合掌）一字明。
二箇印。（大鈷印・不動隱形是也）慈救咒。
三箇印。三身印。法。報。應。　火界咒。
五箇印。磐石印。火印。索印。萬印。三界火聚印。　火界咒。
二童子總印。明。唵地利佉娑婆賀

悉地成就印。明。

斷末摩印。　慈救咒。之句。次加行者實名。次

誦天咒誦摩利支天咒。　已上。

十四　愛染明王祕印

先弓箭印。　內縛左中指如弓勢。右水指如箭勢。誦

咒。或本內縛立二中。相叉第三節。

次外五胋印。

次內五胋印。　已上

一本。百萬返大事一明二息二印許。悉地成就。

外五胋印。　息出外自至。

內五胋印。　引息右咒下誦。　已上。

十五　毘沙門天根本印

二手以空捻火甲相重。上右下左。二水立合。二地二

風各開立。　イ左右火空上下相重時。右左唱。

而誦明。

以上。

十六　刀八毘沙門根本印

外縛二大指入掌中。金八指動搖。誦大陀羅尼。

守護官佐勝德萬鉢陀羅

尼。唵迦利耶。……吽發吒。

太也太也。兵也兵也。唵生生生病除病除。胎金陀

羅尼。摩那唵唵生生。打生打生。人門

人門。神社神社。已上

十七　千手觀音根本印

二手金合。二中指合立。二大二小各各開立。五胋印

也。　大陀羅尼誦之。

十八　十一面根本印陀羅尼　ロイ　合掌

曩謨囉怛曩怛羅夜也。曩莫阿唎夜。枳攘曩。沙誐羅

吠路者曩。尾喩囉惹也。怛他蘗多耶。囉訶帝。三藐三沒馱也。曩莫薩縛。怛他蘗帝毘藥。阿羅訶帝毘藥。三藐三沒帝毘藥。曩莫阿哩夜。縛路枳帝。濕縛也。冒地薩怛縛也。摩訶薩怛縛也。摩訶迦嚕抳迦也。怛也他。唵娜羅娜羅。地里地里。度嚕度嚕。壹知縛知。者隷者隷。鉢羅者隷。鉢羅者隷。矩蘇銘。矩蘇摩縛隷。壹哩弭哩。止哩止致。惹羅摩波曩也。波羅摩秋馱。薩怛縛。摩訶迦嚕尼迦。𑖭𑖿𑖪𑖯𑖮𑖯

一離諸疾病。二一切如來攝受。三任運獲得金銀財寶穀米。四一切寃敵不能沮壞。五國王王子在王宮先言慰問。六不被毒藥蟲盜毒寒熱等疾。皆不着身。七火不能燒。十不非命中夭。是本軌說也。

十九 吒枳尼天一寶來所作 唯授一人

中 二狐三寶尼帝　外縛印。

初 陀枳尼神間尼神明吽　內三鈷印。

後 陀枳一寶來拡　智拳印。

以上

二十一 辯財天三印一明 一印明一反宛

未敷蓮華印。大陀羅尼一反。下同

八葉印。　三變寶珠印

廣大頓得如意寶珠根本陀羅尼

ナマサマンダボダナンチンウカヤアラジヤロエイケイキナモ
ナマベイサルバボダナチサダタメヒヤリジヤヤキヤラベイギヤチギヤカ
ネイキヤくナレシユダネイサルバハバヒシユダチイキリくケンマリく
ギヤカくサレイアサレイエイジヤエイサルハハヤヒキヤテイサルハ
サンハアヒナマウカヤチンウンロウカヤチンバソダレイ𑖭𑖿𑖪𑖯𑖮𑖯。

二十二 大黑天祕印 又名決定轉貧印

先外五鈷印。　以二爪磨二火背。即以二爪外三度撥遣。

次內五鈷印。　上印同斷。內三度招入。

七難即滅蘗車蘗車娑婆訶

七福即生曳醯曳醯娑婆訶

次大黑拳印。左右忿怒拳押兩腰。

（チンヒシ　シャハンキャテイ）

普利衆生　皆令離苦　得安穩樂　世間之樂

及涅槃樂

二十二　法華大事

蓮華合掌。　明

ロイ十指十界十如實相也。又云。合掌誦五字。左右地水火風觀八葉。二火釋迦多寶二佛也。廿八指節配二十八品。是祕中祕也。云云

二十三　仁王經祕事

本尊加持四箇祕印。

外五貼印。七難即滅

無諸衰患印。外五股忿怒。五大尊總印。ロイ

（ウンタラクキリクアク）末加用慈救咒七反。

轉禍爲福印。外縛二大竝入掌中。　七返。

次塔印。二頭寶形。七福即生　七返。

二十四　火伏之大事

先歸命　無所不至印。

次獨貼印。水天眞言

次外五貼印。

次大海印。同咒。内縛内開而水散家内。

二十五　悉地成就大事

先内縛二大指竝立。右空置左空上。

次眞言。　三反。

祕密要術法

印。二手虛合。普通合掌當胸間。

明。　此觀念ロイ可祕。

二十六　大聖乙護法祕法

先護身法。　次梵篋印。　天盤右上左下。地盤左上右下ロイ

次金剛部三昧耶印。

天清淨　地清淨　上求菩提　下化衆生

カラリンチヤウノリン

次外五貼印。ロイ祕印

先外縛。大指竪竝合。東　小指竪竝合。南　中指竪甲合。中　右頭指竪開。西　右頭指竪開。北　形成外五貼印。

右印指成每五方。各各唱曰。

大指 東方乙護法　小指 南方乙護法　右頭指 西方乙護法

左頭指 北方乙護法　中指 中央五萬五千乙護法

唯今奉行。金達龍王。堅達龍王。阿那婆達多龍王。德叉迦龍王等。總八大龍王。某甲 七難卽滅。七福卽生。火難水難。風難病難。口舌難。執着難。怨心。怨念咒詛難。盜賊難。年難月難。疫難日難。時難中天難。無量無邊障礙災難。他方千里拂給。

ラカヤガダヤダルマシキビヤクソロカ

次獨貼金剛印。　外縛立。中指。如蓮葉。光明眞言。七反。

次飛行自在印。有祕傳。

金翅鳥印。抱右空左空。相合面。八指末向下。掌向身。如鳥左右羽。讀歌每動之。如飛濶。甲ロイ

嵐吹木乃間乃風仁殘利氣□

向敵於吹氣拂ヒ氣利

二十七　行住坐臥四威儀法　慧果禪師授與空海

五體者是爲五輪。故本來佛身上可用觀想。

先右手降三世　左手金剛夜叉

右足軍陀利　左足大威德

頭金胎不二大日大聖不動明王

背金界大日黃色　腹胎界大日。白色觀。

次無所不至印。　當左心。　三反。

次同印。　當右胸。

次同印。　當額。

是則我身五大明王大日法身之體。行住坐臥常可觀想。四威儀常住瑜伽。是名眞言行者。最極悉

密之用心也。巳上

二十八 不動尊根本印二印三明

先渇誐印。一字眞言。割斷内外魔障。
次涅槃印。火界呪。令彼燒盡。
後渇誐印。慈救呪。　慈悲熏内忿怒現令彼蘇息。
内障者三毒。外障者惡鬼神等也。

二十九 不動尊祕印

初箇 無所不至印。一字明。　[梵字]
尊勝根本記曰。又卽名塔印。
兩風ハ有情ノ息風ニメ卽命風也。兩空ハ胎金ノ大空也。以大空押命風。動ニメ无礙自在也。堅固不動无礙自在故。是ヲ不老不死印ト名ク。左右ノ地水火ノ六指ハ六大法界ノ法身ト念シ。右ノ空ハ金。左ノ空ハ胎也。
五箇 結護身印言。　二手作金剛拳。合面當心。大盤石座。想明王坐其上。
[梵字]
次法界生印。　前印舒二頭指峯相柱。想發起大火炎。明王火焰也。
[梵字]
次根本印。　鋑索兼帶印。　明誦慈救呪。此則大聖明王實體。
次三界火聚印。　誦火界呪。
二小叉入掌以二水押小叉間。小指峯共自左右水火間出外。以右火輪纒左火輪背。以左風空鈎抱右火指甲。右空風相捻挂左中指第三節。卽成卽大聖明王大智火輪也。遍法界燒盡三毒煩惱薪幷天魔非人之薪義也。
次結護加持身土一如印。　誦慈救呪。卽明王渇誐印。
左右於膝上作刀印。以右刀印左膝上一輪指入左地水空捻間。其後持上持心前而順逆三反。八方上下更問。
三箇 不動法身印。　明火

二手內縛。二水各握二地。二空押二水甲。二火二風各各開立卽成。

ロイ云。是則法身四德波羅蜜也。云云

動　報身印。　明界

二手如刀印。右火相着左風端。左火返右風指端小向下。

修　應身印。　明咒

二手金剛合掌。配額如翼。開掌向外。二空相叉卽成。

ロイ云。是則橫垂十界義也。

二箇金剛合掌。　想十地究竟圓滿如來。

隱形印。　似外縛三貼印。可成大日大鍐印。

明　慈救咒。

ロイ云。二地二水盤石座。二火鍐形不動尊。二頭火焰。二大指二童子。誦咒後開二大。唱行者實名。吹入二大覆可置。想自身入其中。

次二童子總印。

二手以二大押風中小三指甲。以二水相鉤。二拳向外卽成。思制多訶金伽羅在前。

唵地利位娑婆訶

十三　不動斷末摩法

印。　智拳印。　明。　慈救咒。

[siddham]之句。次加行者實名。

次誦摩利支[siddham]。印記 ロイ

修驗深祕行法符咒續集卷下

十三　明慧上人七重印 ロイ

一智拳印。　[siddham]

表卽身成佛義。以行者有漏五大攝入本尊无漏五大義也。故以衆生命風續法身大空命也。

一外五貼印。[illegible]
是報身五智圓滿、兼自利利他。下胎凡聖一如十界。一如五貼印滿足一切智智。自上下股放光。上至有頂下至無間獄離苦得樂。

一五色光印。[illegible]
開五指作與願勢。是卽五佛放五智光明照六道、衆生與魔王類。皆悉解脫惡趣迷闇。令離苦得樂。此光明照自身內外滅煩惱業障。留心可觀。五色光化身光明也。

一寶印。[illegible] 外縛二中寶形。
ロイ眞言中有摩尼句是也。

一蓮華印。[illegible] 外縛二中蓮葉。
ロイ有眞言中[illegible]句是也。

一智拳印。[illegible]
ロイ眞言中有[illegible]句光明也。光明者智也。

一八葉印。[illegible]
自他心中所具八葉白蓮。成千葉寶蓮華放大光明也。
ロイ此印觀蓮葉臺。曼陀羅聖衆坐其上。若施主家爲追福。諸佛與其靈觀差別深思。卽身成佛。若自行諸佛與自身思无別矣。次五色光印光明言末[illegible]字可作打勢。摧破无明黑闇業也。已上上人傳。

次外五股印。[illegible]
次五色光印。[illegible]
右二印破地獄一大事深祕也。

三十二 [illegible]鞭法大事

先護身法。次九字。

臨 外縛二中立合。獨古印也。 兵 大金剛輪印 鬪 外獅子印
者 內獅子印 皆 外縛二空竝立 是名虎口印 陳 內縛印
烈 智拳印 在 日輪印 前 寶瓶印

想日前有寶瓶。寶瓶之內有某座。天眼不能見之。況於鬼類乎。ロイ

次法螺

〔梵〕〔梵〕隠急如律令

勸請具三匝。或用商迦印。印記虚合。二空竝着中指中節。二風屈如鈎。置二大爪上。即成。

三昧法螺聲　一乘妙法説　經耳滅煩惱

當入阿字門

ロイ云。右唱畢而自右印二空間吹込。三反。

次取鞭本尊日中書種字竝實名。

〔梵〕カン

〔梵〕實名キャ

〔梵〕ベイ

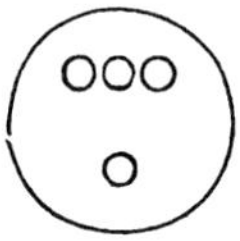

次寶瓶印。

觀想寶瓶之内有日輪。日輪之中有我身。我身即日輪。日輪即我身矣。

次取鞭　鞭先書日輪光字。鞭本乳下書我身即。

ロイ云。我身ヨリ六種ノ光明ヲ放ツト念ス。

次外獅子印。

遊行無畏　如獅子王　智慧光明　如日之照三反

次天扇印。金剛輪印也。是則尊天根本印也。

〔梵〕〔梵〕〔梵〕曳莎訶

次日輪印。兩之風空圓形日輪。餘六指六種之放光也。

唵阿儞底耶莎訶

次彌陀定印。外縛定印

觀想内道場之中有座。座上有獅子。獅子上有三足烏。烏變成〔梵〕字。〔梵〕字變成日輪摩利支天。

次合合開合　ロイ未敷蓮華。

我天地向迹左右何天加護。

次開合合開　ロイ堅實合掌。

第一合　ロイ云　未敷蓮華ニメ而間ヲ離シ去ルヿ一寸程。

第二合　前印ヲ空指ヨリ合シ。初メ風火水地ト合シ作ラ。右ノ五指ト忿歌トヲ唱合ス。
我空合 天風合 地火合 向水合 迹地合
第三開　前印ヲ直ニ地ヨリ開キ初メ。水火風空ト開キテ即八葉蓮形トス。亦五指ト忿歌下ノ句ノ唱合ハス。
左地開 右水開 何レカ火開 天ノ風開 加護ニモルヘキ空開
第四合　前印ノ八葉ヲ亦合メ為ニ未敷蓮華一。
第五開　前印ノ未蓮ヲ空ヨリ開キ初メ。風火水地ト開テ八葉トシ。忿歌ト唱合ハスヿ。上ノ第二ノ合ト同シ。
我空開 天風開 地火開 向水開 迹地開
第六合　前印八葉ヲ地ヨリ合シ初メ。水火風空ト合シ。上ノ第三ノ開ト同唱合スヘシ。亦未敷蓮華トスヘシ。
左地合 右水合 何レカ火合 天ノ風合 加護ニモルヘキ空合
第七合　前印ノ未敷蓮虚合ヲ實ニ合メ。堅實合掌トス。

第八開　前印堅實合掌ヲ異八葉ニ開テ。而メ頂ニ散ス。
已上大ロイ恐祕記ス。
次取レ鞭。
右ニ取レ鞭リ左手金剛拳ニ安レ腰ニメス。有ニ怨靈鬼敵其外願事一ツハ可レ書ニ其姓名或其願事柄一。

破敵

日中書レ之ロイ

次以レ鞭敵名。其名為ニ消滅一ンニ三度突レ之。
沙羅帝沙羅帝莎訶
次念誦。无ニ餘念一可レ觀ニ本尊。咒百反。
唵摩利支曳莎訶
次彈指。三反。如ニ无所不至印一以ニ頭指一彈。乍レ唱可レ彈。
唵摩利支曳怨靈怨敵即滅
次法螺。奉送具三匝。或用印同レ前。偈頌同。
初反出レ聲唱。但初後二句耳。二反目低レ聲唱。三反目口内唱。
次鯨波音。左右金剛拳安兩腰。觀念計觀[梵字]字。三反
次以鞭止止。三反乍唱可突。敵名怨敵消滅。三返。
次總念誦。一千反。則鞭如杵換定大指可持。[梵字]
次法施。心經或普門品隨意　以上。

三十三　不動尊立印加持

先行者結定印。觀想發願專發至誠心大慈悲心。如是吾依宿福故幸成佛子。順佛聖敎以化他爲所行。以菩提爲本意。惟願一切聖衆助我咒力宥他怨念。靈氣與病人倶住正念令得安樂。
慈覺大師傳
先護身法。如常。　次三歸發願。合掌。
南无佛陀耶　南無達摩耶　南無僧伽耶
次去垢。ヲンキリキリハサラウンハツタ
想供物加持。
次拍掌。ヲンハサラトジヤコク
想本尊驚覺或病人業ヲ拍也。
次彈指。ヲンキリキラアラハラウタラウンハツタ
想辟除歸正也。
次五箇祕印。
先索印。慈救咒　次五大尊印。同咒。
次内獅子印。同咒印ロイ　次大劒印。火界咒。大日鈒印。
次捧印。大威德咒。　已上五箇印用刀鞘印。
大威德咒。[梵字]キリシチリビキリタタナウムサルバサタロタシヤサタバヤバヤソハタヤ〱ソワカ
次藥師印明。内縛二大指竝立。口傳
次加持珠。　次心經。心中唱之。
般若第一敎　此經結緣者　雖有重業障
必當得解脱
因緣生故無自性　無自性故畢竟空
畢竟空故無所得　無所得故是名般若波羅蜜。

總持猶妙藥　能療衆惑病　亦如天甘露
服者常安樂

南無喝囉怛那哆囉夜耶引南無阿唎耶引婆盧羯帝爍鉢囉耶引菩提薩哆婆耶引摩訶薩哆婆耶引摩訶迦盧尼迦耶引唵薩皤囉罰曳數怛那怛寫引南無悉吉利埵引伊蒙阿利耶引婆盧吉帝室佛囉楞馱婆引南無那囉謹墀引醯唎摩訶皤哆沙咩薩婆阿他豆輸朋阿逝孕薩婆薩哆那摩婆伽引摩罰特豆引怛姪他引唵阿婆盧醯盧迦帝迦羅帝夷醯唎引摩訶菩提薩埵引薩婆薩婆引摩羅摩羅引摩醯摩醯唎馱孕俱盧俱盧引羯懞度盧度盧引罰闍耶帝摩訶罰闍耶帝陀羅陀羅引地利尼室佛囉耶引遮羅遮羅引摩摩罰摩羅穆帝囇伊醯移醯室那室那引阿羅嘇佛羅舍利引罰沙罰嘇佛囉舍耶引呼盧呼盧引摩囉呼盧呼盧引醯唎引娑羅娑羅引悉利悉利引蘇盧蘇盧引菩提夜引菩提夜引菩馱夜引菩馱夜引彌帝利夜引那羅謹墀引他利瑟尼那波夜摩那娑婆訶引悉陀夜引娑婆訶引摩訶悉陀夜引娑婆訶引悉陀喩藝室皤羅耶引娑婆訶引那羅謹墀引娑婆訶引摩羅那羅引娑婆訶引悉羅僧阿穆佉耶引娑婆訶引娑婆摩訶阿悉陀夜引娑婆訶引者吉羅阿悉陀夜引娑婆訶引婆陀摩羯悉哆夜娑婆訶引那羅謹墀引皤伽羅耶引娑婆訶引摩婆利勝羯羅夜引娑婆訶引南無喝囉怛那哆囉夜耶引南無阿唎耶引婆嚧吉帝爍皤羅夜引娑婆訶引唵悉殿都漫哆羅跋陀耶莎婆訶。引

此間行者搯念珠无言而觀念本尊與己身一體无二也

此陀羅尼功徳太大利益三界衆生一切患苦縈身者以此陀羅尼治之无有不差以此大神咒咒乾枯樹尚得生枝柯華葉菓實何況有情有識身有病患。以之不差必無有是處。

衆生濁惡起不善　魘魅咒咀結怨讎

至心稱誦大悲咒　魘魅還着於本人
南無千眼照見觀自在尊
咒咀諸毒藥　所欲害身者　念彼觀音力
惡靈邪氣　衆着怨心　怨念咒咀
三世怨敵　悉皆降伏
南無十二上願醫王善逝日光月光十二神將七千夜
我此名號　一經其耳　衆病悉除　身心安樂
以我功德力　明王加持力　乃以法界力
同證不動定　諸佛救世者　住於大神通
爲悅衆生故　現无量神力
南無四大八大諸忿怒十九守護八大金剛童子
假使滿三界大力諸夜叉明王降伏盡故我稽首禮
天明王身量十萬由旬。行者住依處魔事不來。魔障何者。無始輪廻妄念。明王誰人。已心本覺如來也。
是大明王　無其住處　但住衆生　心想之中

一持祕密咒　生生而加護　奉持修行者
猶如薄伽梵
不動明王　別無住處　但在衆生　一念心中
見我身者　發菩提心　聞我名者　斷惑修善
聽我說者　得大智慧　知我心者　卽心成佛
南無本尊界會三界所領惡魔降伏大聖大悲阿梨耶娑羅那吒尊
早念珠。慈救咒　火界咒　大威德咒（此三種各五反。）
藥師咒。千手咒。
次敎化。四字印。
夫惱人執心生死輪廻根本。苦痛逼迫鐵繩也。依此眞言加持功力。翻怨念惡念。住正見正念。還成善神。（某甲）當病平愈。色力勇健。歸三寶。二世安樂。
自利利他。平等拔濟。
次尊勝咒。微音一返。
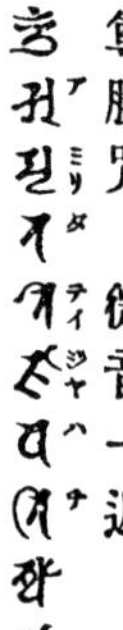
火界咒。殘食咒。慈救咒。大威德咒。

光明眞言。　隨救咒。

息□咒。　ヲンサルババハバタカナバサラヤソワカ

普賢延命咒。　ヲンハサラユゼイソワカ

荒神咒。　千手咒。　ヲンハサラダルマキリソワカ

共外所願行者信心之諸佛諸神蒙冥助可顯修力。

次解界。　火界印　ヲンカサマギニウンハッタ

次撥遣。　彈指　ヲンバサラモキシヤモク

次三部被甲

於嘱家加持則印明有口傳。前方便有甚深妙口傳。師傳。

火印。アラシユバキヤタクサルバタルマ

如來拳印。　ヲンボツケン

三十四　荒神等教化

地神荒神等依異於靈鬼須敬而教化也。

敬白於當病者成祟處荒御前小男鹿八御耳振立聞召。夫和光同塵利益拔苦與樂本誓也。然今成祟事定勸善懲惡。誠斷疑生信謀哉。抑行者今登大阿闍梨職位。病亦受祕密眞言加持。冀止忿怒意速還本覺宮。謹言。

三十五　鬼靈教化

今入病者身中所惱靈鬼。靜心諦聽。夫怨念者受苦根源。妄心者輪廻業因。汝迷本不生阿字殿妬生好死。背無性吽字觀損自惱他。方今令億劫難聞聞眞言總持音。値塵劫難値印明加持法。此宿善能發處如來所應砌也。早捨邪執他國應歸正眞自國。法印謹致化。

三十六　生靈教化

自起瞋恚有之。

抑入此病人身所惱靈鬼。靜心密聽。遺教經云。劫功德賊無過瞋恚矣。寶積經云。若人造功德積如須彌山。一起瞋恚心一時消失。汝翻瞋恚起慈悲憐病者

生父子想。梵網經云。一切男子是我父。一切女人是我母。故六道衆生皆是我父母。而殺而食者卽殺我父母。亦殺我故身。心地觀經云。有情輪廻生六道。或爲父母爲男女。生生互有恩。故此病者是世世恩所。相互可敬憐。生生父母也。今何能令惱亂。夫鬼神無橫道。勿違道理。人中有佛性莫嬈佛心。早生改悔思速離病者床。須住自他同無上菩提心。

三十七　死靈敎化

夫以九識本法宮汝與病者一如無二。依一念妄心出此宮。由三毒煩惱來此床。今汝惱此病者。後惱汝。互懷死心共受苦患。不値知識不聞佛法故也。我今修實相觀相停靈氣流轉。冀歸正理。然則爲令汝成佛須授三聚淨戒。一攝律儀戒二攝善法戒三饒益有情戒。此戒能可持。受此佛戒故登彼覺位也。梵網經云。衆生受佛戒卽入諸佛位。已同大覺位。眞是諸佛子。汝已成就他身。故自今以後饒益有情。可憐病者。

三十八　疫神敎化

夫疫神者藥師如來之權化。牛頭天王變作也。爲識衆生惡心與斯溫病。爲施折伏慈悲示其苦病也。方今唱醫王寶號誦祕密之神咒備本地法樂莊垂迹威光。然則疫神醒和光同塵之夢還自受法樂都。佛子敬白。

女人產時

女人臨難生產時　邪魔遮障苦難忍
至心稱誦大悲咒　鬼神退散安樂生

惡鬼疫神時

惡龍疫鬼行毒氣　熱病侵凌苦難忍
至心稱誦大悲咒　疫神消除壽命長

腫物時

龍鬼流行諸毒腫　癰瘡膿血痛難堪
至心稱誦大悲咒　三唾毒腫隨口消

右諸教化及要文等隨所應之

三十九 五臓加持

南無天地佛神天形星日月星宿周遍法界有情
非情森羅萬像虚空法界地水火風空
〔梵字〕 無處不至印
〔梵字〕 外五胋印
〔梵字〕 小釼印
方圓三角。半月團形。木火土金水。王相死囚老。青
黄赤白黒。肝脾肺心腎。眼耳鼻舌身意。我知我見
我愛我慢。南無大曼陀法。々々々羯摩。羯摩三摩
耶。三摩耶身口意三業。佛金蓮三部五部諸尊界
會。〔梵字〕法報應三身。唵急急如律令　以上。
王司東甲乙寅卯春木　大神祟
相司南丙丁己午夏火　氏神
死司丑十二月未六月辰三月戌九月四季土用　死靈
囚司劒鐵土中金未申西方秋金。　生靈
老司北方冬水亥子　本病下人靈氣

四十 准提法 月並十五日夜

先不浴淨身。鏡備本尊。不許他見。
淨水一器。森華一器。香。燒安息香
南無七倶胝佛母准提菩薩摩訶薩 三禮。
護身法。　次普供養印明。　普印。
ナマサルバタケンウタキヤチソハヲギマン
キヤキヤケンソワカ
次根本印。　内縛立二中開風。付中指背。並立二大。
付中指元。如被甲印。
ナマサツタナンサンミヤクサンボタクチナ
ンタニヤタヲンシヤレイシユレイシユンデ
イソワカ
右根本印不解咒誦一百八返。
法旋隨意。　准提陀曼尼經。觀音經。心經等。
下座禮佛。　畢

四十一　ロウシヤウ蟲取法

先三禮。　次護身。　次普門品。　次准胝咒百反。
次心經。其外誦經祈念隨意。
本尊咒。　曩〇南[梵字]シヤレイシユレイシユン
テイ[梵字][梵字]
ロイ云。四器ヘ四色ノ華ヲ日日品ヲ替テ獻ズ。
若開華不足ノ節ハ。一日間ニ亦最初ノ色華ヲ
用ルベシ

檀法

華器	香安息香	華器
華器	水十分入	華器

一七ノ間。香ハ安息香ヲ
燒テ。香ノ香ヒヲ鼻中ヘ
引入ル樣ニスヘシ。香ヒ
甚タ不レ宜是ヲ入ルヿ肝
要ナリ。行日巳ノ日ヲ初日トメ。一七日目亥ノ
日ニ當テ。此日亥刻ニ夜四時也。腰眼ノ兩所ヘ。一所
五十丁宛。日久治合メ百丁スベシ。其內ニ大便
通度心持ナリ。其時兩鼻ヘシツカトチヂリヲ
メ。糞氣ヲカガザル樣ニスベシ。大便取ハ兼テ
用意スベシ。土穴ヲ堀リ。回リニ屛風ヲ引回シ
風ヲ不レ受ル樣ニスベシ。此大便ノ時。糞中ヘ降ル
ナリ。則チ糞ニ交リ出ルナリ。其糞ヲハ直ニ土
ヲカケテ埋ムルナリ。而メ便所ヨリ還テ上々
ノ沈香ヲ燒キ。鼻中ヘ引入ルベシ。此時ノ心持
至テ好シ。沈香前ニ衣類モ帶モ皆ナ新キ者ハ
ヨシ。此迄用ヒ來リシ衣類ハ惡シ。其ノ身ノ成
丈ニスベシ。是ノ法ハ古今獨步ノ法ニメ。從レ昔
一人トメロウ不レ治云ヿナシ。云云　施主ハ尤モ
准提經說ニ隨テ持ベシ。

四十二　[梵字][梵字]天

能禮所禮性空寂　感應道交難思議
我身影現天神前　頭面接足歸命禮
南無歸命頂禮吒枳尼尊天降臨影向
敬白。常住三寶吒枳尼天神部類眷屬等。而言。夫
以レ吒枳尼尊天者毗盧遮那如來倒流之尊體。狐

振大士行化之應作也。原寂光嚴淨之本土覺月高晴。雖然辭八葉之梵宮趣三重之外院。和光於五塵六欲之原野同於威風遠三有之塵底。祕六大金楊現天女形色。左持如意珠等示與樂。右把金剛劒悉顯降魔。故此天功德不可思議而一稱一禮之輩。香華供養之類。頓滅七難成百福。誦呪恒念之行須臾離奈利苦患速疾到無生妙位乎。大哉天神自在神通之力。能隨衆生種種樂欲種種憶想而普施無畏法樂。若衆生祈之有不得則尊天自沈阿鼻炎苦。永成一闡提矣。慇懃之本誓最深。濟度之利物實廣。渴仰有憑願望無疑者歟。因茲頌伽陀奉敬禮。添本迹威光。仰願生大悲闡提誓乎。

諸佛救世者　住於大神通　爲悅衆生故
現無量神力

南無歸命頂禮吒枳尼天神部類眷屬倍增威光
倍增法樂 三反。

増益法。 黄色本尊居東方。西面燒粳米屈蔞草。從月九日至十五日從後夜至明。

文殊如意寶印明。如軌。寶生如來 外縛中指寶形。

唵縛日羅補瑟吒曳 [梵字]

吒枳尼天所願成就眞言。 [梵字]

四十三 三鏡方并三玉女事

	正	二	三	四	五	六	七	八	九	十	十一	十二	
日天	卯	寅	卯	巳	寅	寅	坤	子	亥	坤	子	申	天星玉女
星人	酉	午	午	亥	午	卯	巽	乾	子	巽	坤	酉	色星玉女
月地	乾	申	巳	乾	申	巳	艮	巽	亥	艮	艮	亥	多願玉女

天星玉女　諸願成就諸事祈禱用之方也。

色星玉女　着新衣裁衣向之則息災延命方也。

多願玉女　軍出門出船乘出行用之方也。

右三鏡ハ日月星三光。天人地三才。法報應三身。阿鑁吽三字。吒枳尼聖天辯天三天也。

四十四 三十六童子 佛說聖不動經說

矜迦羅童子　制吒迦童子　不動慧童子
光網勝童子　無垢光童子　計子儞童子
智慧幢童子　質多羅童子　召請光童子
不思議童子　羅多羅童子　波羅波羅童子
伊醯羅童子　師子光童子　師子慧童子
阿婆羅底童子　利車毗童子　法挾護童子
因陀羅童子　大光明童子　中光明童子
持堅婆童子　佛守護童子　法守護童子
僧守護童子　金剛護童子　虚空護童子
虚空藏童子　寶藏護童子　吉祥妙童子
戒光慧童子　妙空藏童子　普香主童子
善儞師童子　波利迦童子　烏婆計童子
聖無動眷屬　三十六童子　各領千萬童
本誓悲願故　千萬億惡鬼　嬈亂行人時
誦此童子名　皆悉退散去　若有苦厄難
怨咀病患者　當呼童子號　須臾得吉祥
恭敬禮拜者　不離於左右　如影隨形護
獲得長壽益

八大童子

慧光童子　慧喜童子　阿耨達多童子
指德童子　烏倶婆誐童子　清淨童子
矜羯羅童子　制吒迦童子

稽首聖無動　摩訶威怒王　極大慈悲心
愍念衆生者　本體盧遮那　久遠成正覺
法身遍法界　智慧同虚空　無相而現相
相徧世界海　無聲而有聲　聲聞塵刹土
爲護持佛法　爲利益羣生　無邊相好海
變現瞋怒相　慈眼視衆生　平等如一子
方便垂一髮　表示第一義　金剛智能斷
難斷諸煩惱　執持猛利劍　一斷無餘習
金剛定能縛　難縛諸結業　執持金羂索
一縛無能動　究竟能取盡　煩惱毒龍子
示現迦樓炎　焚燒業障海　能護菩提心

令行者堅住　安住磐石座　不退菩提行
假使滿三千　大力諸夜叉　明王降伏盡
令入解脫道　一持祕密咒　生生而加護
隨逐不相離　必送華藏界　念念持明王
生生不忘失　現前三摩地　覺了如來慧
以此三業禮　明王功德善　平等施羣生
同證不動定　唯願偏法界　金剛祕密咒
同住明王體　加持我三密　稽首明王力
令我悉地滿　稽首明王力　令法久住世
自界及他界　無盡世界海　界中諸含識
同證无上覺
見我身者發菩提心　聞我名者斷惑修善
聽我說者得大智慧　知我心者卽身成佛
無始已來無量罪　今世所犯極重罪
日日夜夜所作罪　念念步步所起罪
眞言威力皆消滅　命終決定生極樂
荷負引導師父母　拔濟生死大苦海

爲我有恩先亡者　有緣知識男女等
大作方便皆引導　共生安養上妙刹
乃至四恩諸衆生　皆悉利益共成佛　畢

般若　チ　シッシュロダ　ビ　ジャ　エイ
普賢延命　ハ　サラ　ユ　セイ
十一面　ロ　ケイ　ジンハラ　キリ
千手　ハ　サラ　ダ　ルマ　キリ
准胝　シャ　レイ　シュ　レイ　ジュン　テイ
訶利帝母　ト　ト　マ　リ　キャ　キ　テイ
ナラ　モワ　カ　リ　テイ　バ　ド　キ　タ

請雨咒。　ア　ロ　リ　キャ
止雨陀羅尼。　ア　ミリ　テイ　ナ　リン　ナ　シッ　タ
天形星。　ハ　タタ　サ　ア　タ　ウン　シム　チ　ア　キ　テイウン
青面金剛。　テイ　バ　ト　キシャム　ハッ　タ

四十四　八大童子各別眞言幷印

一字出生八大童子儀軌　大興善寺翻經院述。文中不空考。云云

慧光童子菩薩眞言。　即金剛合掌忍願合如針。

形少忿怒着天冠。身白黃色。右手持五智杵。左手蓮上置月輪。袈裟瓔珞種種莊嚴。

ヘサラマティジンハラボウヂシッダウ歸命本尊。

慧喜童子菩薩眞言。　即金剛合掌而忍願如寶形。

形似慈面現微笑相。色如紅蓮。左手持摩尼。右手持三杵鉤。

アラダンナウマティマトマカマニマタ歸命本尊。

阿耨達菩薩眞言。　即金合忍願如蓮葉。

形如梵王。色如眞金。頂戴金翅鳥。左手持蓮華。右手持獨股杵。而乘龍王。

ハンドマサナハメカハラシャミナウマカメナマサン歸命本尊。

指德童子菩薩眞言。　金剛合掌。忍願入掌中。面相合。

形如夜叉。色如虛空。而有三目着甲冑。左手持輪。右手三叉鉾。

烏俱婆誐童子眞言。　金剛合掌。

キャナママカメイリヤハリホラキャマン歸命本尊。

形戴五股冠。現暴惡相。身如金色。右手持縛日羅。左手作拳印。

清淨比丘使者眞言。　梵篋印。

ヘサフサトメウクメギャマカソウギャタ歸命本尊。

形剃除首髮而着法袈裟。於左肩結垂。左手持梵篋。右手當心持五股杵。右肩現露。於腰纏赤裳。面貌非若非老。目如青蓮。口上牙於下顯出。

矜羯羅童子眞言。　蓮華合掌。

マニヒシュタダナマタロクチンヤメラハ歸命本尊

形如十五歲童着蓮華冠。身白肉色。二手合掌。其二大指與頭指間橫揷一貼杵。天衣袈裟微妙莊嚴。

制多迦童子眞言。　外縛五股印。

メナマコウキャアナシュツタボウ歸命本尊。

如童子紅蓮色。頭結五髮。一頂上。一額。二頭左右。

一頂。後五方五智。左手。右手金剛拳。瞋心惡性者。故不着袈裟。以天衣纒頸肩。

歸命本尊。

右八大童子。

次本尊眞言。　通用經中印。

歸命本尊。

矩里迦（唐作尊動。）龍王眞言。（出于矩里迦龍王像法。今姑加入此。）形四足龍王。纒繞劔有阿字。又人形。云毗嚕博叉王。云云

印相。左右無名指小指掌內相叉。二中指直立相柱。以二食指柱中指背上節。以二大指少曲。柱名二食指內中節頭來去。

曩莫三滿多勃䭾南。俱迦耶迦囉若。銘伽扇儞曳娑婆訶。

不動八大童子梵書

北

矜羯（白色）慈照心行　法波羅蜜〔此云隨順〕

指德（虛空）羯磨部　精進門

別吒（紅色）方便心行　業波羅蜜〔此云息災〕

西

阿耨（金色）蓮華部　智慧門

不動

慧光（白色）金剛部　菩提心門

東

淸淨（白色）福德心行　寶波羅蜜

惠喜（紅色）寶部　福德門

皁俱（水色）菩提心行　金剛波羅蜜〔此云超越住世〕

南

部外

三歸三寶

自歸依佛　當願衆生　體解大道　發無上心

自歸依法　當願衆生　深入經藏　智慧如海

自歸依僧　當願衆生　統理大衆　一切無礙

和南聖衆

四十五 台密法曼流手圖

經軌ノ中兩手及十指之名目異者多シ矣。今且揭テ一二而圖示レ之。謂兩手亦名ニ二羽ト又名ニ圓滿ト又名ニ日月掌ト。又十指名ニ十輪。又名ニ十度。又名ニ十峯。又右手名ニ般若。又名ニ觀慧智。智。悲念手等。左手名ニ三昧。又止。定。福。權。慈念等。經軌ノ中種種異說者。此ノ兩手法爾トシテ具ニ法身平等ノ密印ヲ。含ニ容スレハナリ无量ノ功德力用ヲ也。

觀・慧・智

五指

小指	無名	中指	頭指	大指
地	水	火	風	空
慧	方	願	力	智
勝	高	光	蓋	輪
色	受	想	行	識

右手從小向大

止・定・福・權

五指

大指	頭指	中指	無名	小指
空	風	火	水	地
禪	進	忍	戒	檀
輪	蓋	光	高	勝
識	行	想	受	色

左手從小向大

四十六 宇津室神法切紙

先護身法。

火伏。 水師印。 六根祓。口傳

次湯伏。 宮城祓。

明希幾神達思賜惠淨久獎幾御法阿利淸久獎

記物者假仁毛穢古止無止申爾

謹請再拜再拜阿羅遠毛志呂乃釜神也萬神乃

祖奈禮波日日每秡須留奈利

無上靈寶神道加持。 次水師印。

水罽蘻蓬多莎訶　水メッスル〳〵

水者是本來乃面目解禮波則谷川乃水[梵字]

気佪

神幣。口傳　神道備神前。　神歌以ㇾ笹躍。

天竺ノシソウノ星ハ曇ルトモ

我氏ネニハクモリカケマイ

天竺ノミチカ池ノ水トカヤ

我立ヨレハ氷トソナル

ヤツササイヤ　左男　右女

三種秘。口傳　已上

祕中之深祕也必容易不ㇾ許二他傳一其職者不ㇾ可二執行一者也

文化乙亥夏　　受者歡賢　佐賀人

金峯山五鬼童義雄示焉與

四十七唐一行禪師出行日之吉凶祕事

正四七十月					
朔	七	十三	十九	廿五	萬事叶ㇾ心開二祥門一大吉
二	八	十四	廿	廿六	勿ㇾ出ㇾ門方萬事大凶
三	九	十五	廿一	廿七	被ㇾ仰二高貴一萬事叶ㇾ心大吉
四	十	十六	廿二	廿八	千里叶ㇾ心逢ㇾ悦大吉
五	十一	十七	廿三	廿九	萬事大凶
六	十二	十八	廿四	三十	十方叶ㇾ心在ㇾ悦大吉

二五八十一月					
朔	九	十七	廿五		有二死絕一萬事大凶
二	十	十八	廿六		有二心中幸一萬事大吉
三	十一	十九	廿七		失ㇾ寶多ㇾ愁萬事大凶
四	十二	二十	廿八		被ㇾ仰ㇾ人一切叶ㇾ心大吉
五	十三	廿一	廿九		茶飯足ㇾ口商賣德大吉
六	七	十四	十五		十里外不ㇾ可ㇾ行逢ㇾ災大凶
二十二	二十三	三十			
八	十六	廿四			飲酒悅商賣利有大吉

三六九十二月					
朔	九	十七	廿五		有二惡難口舌一失ㇾ寶大凶
二	十	十八	廿六		安德無ㇾ驚得ㇾ寶大吉
三	十一	十九	廿七		東西南北叶ㇾ心得ㇾ寶大吉
四	十二	二十	廿八		逢二盜賊一失ㇾ寶大凶
五	十三	廿一	廿九		逢二弓箭火災一不ㇾ歸ㇾ家大凶
六	七	十四	十五		十方被ㇾ仰ㇾ人逢二酒悅一大吉
二十二	二十三	三十			
八	十六	廿四			逢二女人口舌一遠行不ㇾ歸ㇾ家大凶

修験深秘行法符呪集

平成二十二年二月二十六日　復刻版初刷発行
令和　六　年一月　十　一　日　復刻版第二刷発行

編　者　日本大蔵経編纂会

発行所　八幡書店
東京都品川区平塚二―一―十六
KKビル五階
電話　〇三（三七八五）〇八八一
振替　〇〇一八〇―一―四七二七六三

ISBN978-4-89350-680-1 C0014 ¥2800E